Général DE LARDEMELLE

Ancien Gouverneur militaire de Metz

METZ
défend l'État

LA QUESTION MOSELLANE
LA SÉCURITÉ
LA RESTAURATION DE METZ

Préface du Maréchal FRANCHET D'ESPÉREY

ÉDITIONS BERGER-LEVRAULT

NANCY - PARIS - STRASBOURG

1930

Metz défend l'État

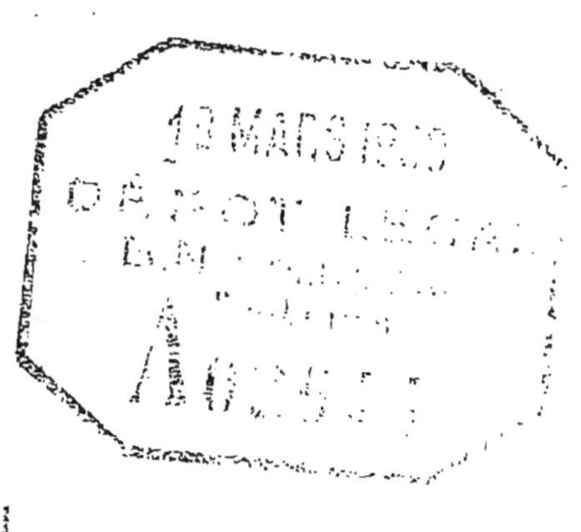

Général DE LARDEMELLE

Ancien Gouverneur militaire de Metz

METZ
défend l'État

LA QUESTION MOSELLANE
LA SÉCURITÉ
LA RESTAURATION DE METZ

Avec 4 croquis hors texte

> « Les places fortes du royaume dé
> fendent leur province, Metz défend
> l'État. »
>
> (VAUBAN.)

PARIS

ÉDITIONS BERGER-LEVRAULT

5, Rue Auguste-Comte (VIᵉ)

1930

A LA MÉMOIRE

du Lieutenant-Colonel DE LARDEMELLE (Maurice),
Commandant le 5ᵉ régiment d'infanterie ;

du Capitaine DE LARDEMELLE (Henri-Marie),
du 38ᵉ régiment d'infanterie ;

du Capitaine DE LARDEMELLE (Henri-Joseph),
du 25ᵉ bataillon de chasseurs ;

du Capitaine DE LARDEMELLE (Jacques),
du 12ᵉ régiment de cuirassiers à pied,

MORTS POUR METZ

ET POUR LA FRANCE

PRÉFACE

La parole de Vauban, qui sert de titre à cet ouvrage, marque l'importance non seulement stratégique mais aussi politique que peut et que doit avoir Metz redevenue française.

Cette vertu spéciale, que Vauban reconnaît à Metz, tient à l'importance exceptionnelle de sa situation géographique aux frontières de deux civilisations.

Metz, ville de langue française non loin de la limite des langues, fut la barrière contre laquelle se brisa pendant deux mille ans l'assaut mené par les Barbares d'abord, puis par le Saint-Empire germanique, enfin de nos jours par la culture allemande.

Metz, nœud important de communications internationales, autrefois centre d'échanges européen et aujourd'hui centre économique d'une valeur exceptionnelle est le pivot obligatoire de la sécurité française dans une zone de libre parcours, où elle n'est défendue par aucun obstacle naturel.

Mais cette ville entre les mains de la France ne peut remplir son rôle tutélaire que si elle est remise dans le milieu ethnique et économique, dont elle a tiré sa force dans les siècles passés.

Pour des raisons qui m'échappent ce problème vital semble n'avoir pas été compris, ni les dispositions nécessaires prises au lendemain de l'armistice, alors qu'elles n'auraient présenté aucune difficulté. Aujourd'hui des résistances à base d'intérêts particuliers ou collectifs, soutenues souvent par des forces d'origine suspecte, travaillent à maintenir et même à créer une barrière morale entre des populations de même race et de même civilisation ayant évolué dans un sens différent pendant quarante-sept ans.

Il appartient à l'État de faire cesser cette situation, qui lui est préjudiciable, car Metz défend l'État.

Placé à Metz comme gouverneur militaire par la confiance du maréchal Pétain, le général de Lardemelle a estimé que sur une frontière ouverte la sécurité de la France dépend autant de l'unité morale des populations que des sûretés stratégiques à créer.

C'est à convaincre chacun de cette vérité qu'il a consacré pendant sept ans une activité, qui a pu lui créer des adversaires, mais dont personne ne peut contester la sincérité.

Nul n'était plus qualifié pour cette tâche que cet enfant de Metz (1), qui a de qui tenir quand il s'agit de traiter en Moselle les questions sociales et politiques.

Parmi ses ascendants directs je n'en citerai que deux qui, au lendemain des traités de 1815, — dont malgré notre victoire nous subissons encore aujourd'hui les effets désastreux, — eurent une influence prépondérante sur les destinées du Pays Mosellan.

Au sortir de la Révolution et de l'Épopée impériale, après une période de vingt années durant lesquelles les œuvres de paix avaient été quelque peu délaissées, il s'agissait de rendre enfin viable l'œuvre

(1) Le général de Lardemelle est né à Metz le 5 mai 1867.

*de la Constituante. Dans le département de la Mo-
selle des populations diverses venant du Luxembourg, des Trois-Évêchés et de l'ancien duché de
Lorraine ayant eu jusqu'alors fort peu de rapports
économiques et aucun rapport politique avaient été
groupées dans un but de fusion intérieure.*

*Ces deux hommes, MM. de Lardemelle et de
Turmel étaient les deux arrière-grands-pères du
général et avaient été étroitement liés dès leur jeunesse par la similitude de leurs destinées. L'un et
l'autre étaient de famille militaire. Les deux oncles
du premier et le père du second étaient maréchaux
de camp sous Louis XVI. Ils étaient nés à Metz:
le premier en 1773 et le second en 1770; et tous les
deux sont sous-lieutenant de cavalerie à dix-huit
ans à la veille de la Révolution.*

*Leur carrière militaire est brisée en 1793 par
l'arrêt de la Convention destituant tous les officiers
ayant appartenu à la noblesse.*

*Il leur fallut rentrer dans leurs foyers, et en
1815 nous les trouvons dans toute la force de
l'âge, mûris par une vie de labeur et de luttes incessantes.*

M. de Turmel, qui était devenu payeur général de la Moselle, mettra son expérience au service de sa ville natale, dont il restera maire pendant quinze ans. Il ne faut donc pas s'étonner du caractère financier de certaines de ses initiatives et de la fondation par lui de nombre d'œuvres sociales — telles que la Société de prévoyance (une des premières sociétés de secours mutuels de France) et la Caisse d'Épargne municipale, qui sert en quelque sorte de Banque d'État à la ville.

M. de Lardemelle, maire du Ban Saint-Martin, où il réside, conseiller général de la Moselle, administrateur des Hospices, avait orienté son activité vers l'agriculture.

En 1817, il est décoré par le duc de Berry pour sa générosité et son dévouement à ses concitoyens pendant la disette de 1816. En 1822, les deux amis sont tous deux élus députés de la Moselle et vont siéger au centre droit à côté de Berryer.

Après les événements de 1830 ils renoncent l'un et l'autre assez rapidement à la politique. Retirés à la campagne ils continuent à apporter leur concours *aux populations qui les entourent et dont ils gardent toute la confiance.*

M. de Lardemelle en particulier fait de ses fermes de Puxe des fermes modèles et ses innovations en Moselle sont nombreuses. Les agriculteurs mosellans le nomment président du comice agricole et pendant vingt-cinq ans il ne cessera de les faire profiter des conseils de son expérience. Il mourut à Puxe en 1855.

Les désastres de 1870 devaient interrompre les services rendus par cette famille au Pays Mosellan.

Tous ses membres sans exception embrassent alors la carrière des armes dans la pensée de mieux travailler à la délivrance de leur petite patrie.

L'auteur du présent ouvrage a eu une carrière particulièrement active et brillante.

Avide d'action il cherche à s'échapper vers l'Afrique, vers l'Extrême-Orient, où il rend des services particulièrement appréciés. Mais l'estime dans laquelle le tiennent les grands chefs de l'Armée le ramène toujours soit vers les grands états-majors du Conseil supérieur de la Guerre comme capitaine, comme commandant, comme lieutenant-colonel, soit à la frontière : au 6ᵉ corps, puis au 1ᵉʳ corps. C'est là que je le trouvai comme chef d'état-major à la fin de 1913 à ma rentrée du Maroc.

Pendant la guerre, dès que les fronts se stabilisent, l'orientation de son esprit l'amène à établir un plan d'intervention dans les Balkans, dont l'exécution quatre ans plus tard précipitera la fin de la guerre.

La paix conclue, de Besançon où il est chargé de démobiliser le 7ᵉ corps il retournerait volontiers dans l'Afrique du Nord ; mais cette fois encore il est ramené à la fin de 1921 sur la frontière de l'Est comme gouverneur de Metz : il ne pouvait échapper à sa destinée.

C'est donc à Metz que pendant plus de sept ans il devait donner le meilleur de lui-même et travailler à écarter le retour des malheurs de 1870.

Commandant du 6ᵉ corps d'armée, il réclame dès 1922 la fortification d'une frontière que la France avait négligée de 1815 à 1870. De même qu'en 1914 je l'ai vu protester contre la substitution à *notre ancienne doctrine de guerre de théories exces-sives, qui nous causèrent tant de déboires, son bon sens s'élève maintenant contre les procédés issus de la guerre de stabilisation, que des esprits sans ima-gination veulent ériger en principes intangibles.*

Malgré son caractère souvent absolu le général de Lardemelle est un homme d'équilibre et de juste milieu.

Et voilà pourquoi pendant sept ans à Metz, sans souci des récriminations, sans se préoccuper si son activité que certains qualifiaient de débordante pouvait nuire à sa carrière, il se placera uni-quement sur le terrain national, *poursuivant la rénovation de l'ancienne politique des frontières de la France.*

Après l'hécatombe de la dernière guerre, qui le laisse seul survivant des officiers de son nom, il appartenait au général de Lardemelle de résumer l'effort de tous les siens dans l'œuvre de la restau-ration de Metz et en particulier de guider ses compa-triotes dans les voies vers lesquelles les pousse leur fidélité à la France.

C'est le but du présent ouvrage. On peut en

discuter les termes, ne pas en partager les conclusions, mais quand on connaît son auteur il faut dire avec l'ancien écrivain français : « Ceci est un livre de bonne foi. »

FRANCHET D'ESPÉREY.

AVANT-PROPOS

———

Le siège du 6ᵉ corps d'armée fut transféré à Metz le 1ᵉʳ janvier 1922 et il n'est pas exagéré de dire que ce geste du Gouvernement fut un acte décisif aussi bien pour la France que pour le pays mosellan.

A ce moment, — trois ans après l'armistice, — dans toute la région de l'Est, Metz était communément appelée : « Metz-la-Morte ».

Cette situation était le résultat de la substitution en Moselle — après l'annexion — de l'équilibre allemand voulu par Bismarck à l'équilibre français voulu par la Constituante et de l'impossibilité pour Metz de trouver dans l'économie générale allemande l'équivalent du marché, qu'elle alimentait normalement auparavant dans l'économie générale française.

Ces deux causes réunies avaient provoqué entre les mains de l'Allemagne l'éclipse politique et économique de Metz, éclipse qui, en se prolongeant entre les mains de la France, ne pourrait qu'être fatale à la France comme à l'idée française.

D'autre part, en arrivant à Metz, le général commandant le 6ᵉ corps d'armée allait se trouver en présence de la frontière que nous avait rendue le traité de Versailles. Et cette frontière était non pas celle de l'ancienne France de 1792, que Talleyrand avait réussi à nous conserver en 1814 et sur laquelle s'était fondée *en partie* notre sécurité pendant près de deux siècles, mais la frontière démantelée, qui nous fut imposée par les traités de 1815 et qui ne fut pas fermée entre 1815 et 1870.

En outre, — considération qui a son

importance — le morcellement départemental de la Constituante, suivi de
l'occupation de la Rhénanie par la Convention, avait fait perdre de vue jusqu'en
1870 la nécessité de parer à l'absence de
toute frontière naturelle entre la mer et
le Rhin par l'existence sur ce front de
régions homogènes et fortement consti-
tuées.

C'était donc toute notre ancienne
politique de frontière qui était en cause.

Puisque, par le traité de Versailles, la
France n'avait retrouvé que sa détestable
frontière militaire de 1815, toute la question au lendemain de l'armistice était de
savoir si elle mettrait à profit les leçons
d'une douloureuse expérience sans se
laisser aveugler par l'illusion rhénane,
sans se laisser troubler par l'éclipse
momentanée de Metz — pivot obligatoire
de son prestige et de sa sécurité sur sa
frontière ouverte.

Quoi qu'en puissent penser certains esprits chagrins, toutes ces questions sont solidaires et l'autorité militaire ne pouvait les ignorer.

Travailler inlassablement au redressement des esprits en vue de restaurer notre ancienne *politique de frontière*, contribuer en particulier à rétablir dans toute sa puissance la ville de Metz et dans toute son homogénéité la région mosellane, obtenir enfin la fermeture de notre nouvelle frontière avant l'évacuation prévue de la Rhénanie, tel devait être pour le gouverneur de Metz le but d'un effort qui ne s'est pas ralenti un seul instant pendant plus de sept ans.

Ce travail de redressement fut rendu très complexe par les résistances individuelles et collectives, qui prenaient naissance à Paris dans l'opinion erronée que se faisait le haut Commandement de ce qu'on pouvait attendre de l'armée du

Rhin en ce qui concerne notre sécurité, puis à Strasbourg comme à Nancy, et à Metz même, dans les *situations acquises* des deux côtés de la frontière bismarckienne enfin abolie, situations qui retenaient obligatoirement toute l'attention de l'autorité administrative, beaucoup plus préoccupée de l'apaisement des esprits que des questions d'intérêt national supérieur.

Mais de cela il ne faut pas médire, car, à Metz, les deux actions — nationale et administrative — se complétèrent fort heureusement, la *politique constructive* sur le plan national ne pouvant se concevoir que dans l'*apaisement général,* et ce dernier ne pouvant porter des fruits durables sans la politique constructive destinée à modifier une situation générale, qui avait été à l'origine des malheurs de toute la région.

Il serait vain aujourd'hui de se demander si, au lendemain de l'armistice, on n'eut pu faire mieux en Alsace et dans la région mosellane et si, en particulier, il n'eut pas été préférable pour la France de s'en remettre pendant un temps à l'autorité militaire du soin de liquider — grâce au prestige de la victoire — ce qui devait l'être dans une succession particulièrement pénible.

Le 1ᵉʳ janvier 1922 il fallait prendre la situation telle qu'elle était, et à cette date, par suite de l'état des esprits à Paris, où la question mosellane n'était pas connue, à Strasbourg où le Commissariat général ne voulait pas la connaître, et à Nancy où elle était systématiquement défigurée au nom du mot « Lorraine », le grave problème qui se posait pour la France à l'ouest des Vosges ne pouvait être résolu qu'en saisissant directement l'opinion publique et en créant chez elle un courant d'une puissance telle qu'il emportât

toutes les hésitations, toutes les résistances, et entraînât par voie de conséquence l'action gouvernementale.

L'exposé qui va suivre comportera
trois parties :
    — La doctrine mosellane ;
    — La notion de sécurité ;
    — La restauration de Metz.
L'essentiel de cet exposé est constitué
par des discours et des notes, qui furent
prononcés ou rédigées à leur heure et
selon les circonstances qui les provo-
quaient.

Ces documents datés sont présentés
dans leur ordre chronologique.

Le développement de la thèse mosellane — compte tenu des possibilités du
moment et de l'état des esprits — s'en
dégage tout naturellement.

On y verra présenté très progressivement des idées générales qui apparurent, au moment où elles furent émises, comme une véritable révélation et qui, étant de moins en moins discutées aujourd'hui, tendent à régler l'action des Pouvoirs publics.

PREMIÈRE PARTIE

LA DOCTRINE MOSELLANE

———

———

CHAPITRE I

LA DOCTRINE MOSELLANE (1)

Messieurs,

Ici-même tout a été dit sur la bataille de Verdun et l'héroïsme de nos soldats.

Je pourrais reprendre ce thème inépuisable, en agrémentant mon discours de mes souvenirs personnels, aussi bien ceux de ma jeunesse militaire passée à Verdun, face à ma ville natale, où reposent tous les miens, que ceux de la bataille du 24 octobre, où ma division, placée au pivot et réduite en moyens d'artillerie, — comme vous le disait ici-même le général Mangin il y a trois ans, — remplit glorieusement son rôle de sacrifice devant le fort de Vaux.

Le moment me paraît venu d'élever le débat et de vous faire part des conclusions qui s'imposent à mon esprit chaque fois que je quitte

----

(1) Discours prononcé à Douaumont le 20 septembre 1925 à l'occasion du neuvième anniversaire de la reprise de Douaumont.

Metz, où se sont jouées les destinées de la France en 1870, pour venir à Verdun, où elles se sont jouées pendant la dernière guerre.

I

CONSTITUTION DE L'UNITÉ NATIONALE
ENTRE MEUSE ET RHIN

Rassemblement progressif des terres de France.

Les noms de Metz et de Verdun évoquent naturellement en nous le souvenir des Trois-Évêchés.

Dans le patient rassemblement des terres de France, qui fut l'œuvre des siècles passés, depuis le moyen âge jusqu'à la veille de la Révolution, l'adjonction à la mosaïque nationale de la pièce maîtresse constituée par les Trois-Évêchés, devait avoir une importance décisive pour la France au double point de vue de la constitution de son unité nationale et de la sécurité ultérieure de son territoire sur sa seule frontière vulnérable.

Et j'emploie ici l'expression « unité nationale » dans son sens le plus large, qui comporte non seulement l'unité territoriale, mais encore l'unité morale, sans laquelle la première n'est rien sur une frontière ouverte.

Ces deux questions de la sécurité du territoire et de l'unité morale des populations frontière étant de celles qui s'imposent avec le plus de force à notre esprit après le retour à la France des départements qui nous furent arrachés par le traité de Francfort, il m'est apparu qu'il ne serait pas inutile de projeter sur ce grave problème les lueurs de l'Histoire, et que je ne pouvais trouver pour le faire, de meilleur terrain que celui de Douaumont.

Le conflit qui mit si souvent aux prises la France et l'Allemagne (celle de Vienne d'abord, puis celle de Berlin), prend son origine dans les partages successifs de l'Empire de Charlemagne, dont la partie médiane, située entre Meuse et Rhin, fut finalement attribuée par les traités au Saint-Empire germanique (de l'Est) au détriment de la Couronne de France (de l'Ouest), sans souci des populations de race et de langue françaises, qui se trouvaient incluses dans cette partie médiane.

En ces temps reculés, on disposait des peuples par mariage et héritage des souverains, et la France ne s'était pas faite encore le champion dans le monde, du principe des nationalités basé sur la race, la langue et le consentement des peuples.

Mais la Maison de France, qui luttait sans trêve ni merci en deçà de la Meuse *contre* les grands féodaux et *pour* l'unité nationale, ne pouvait et ne devait pas s'incliner, au delà de la Meuse, devant de vagues droits de suzeraineté, que des populations de race et de langue françaises tendaient sans cesse à relâcher.

Au cœur de la partie française de cet ancien Empire du Milieu (ainsi que l'indique son nom Mediomatrices), se trouve Metz, antique capitale d'Austrasie et de Lotharingie, et berceau de la famille de Charlemagne, issue de l'un de ses plus grands évêques, saint Arnould.

C'est pourquoi le geste décisif de la France pour la constitution de son unité au delà de la Meuse, devait être l'occupation de Metz et des Trois-Évêchés en 1552.

C'est pourquoi, également, la défaite de Charles-Quint à Metz, la même année, par François duc de Guise, devait marquer l'échec définitif de la politique d'absorption, menée par le Saint-Empire contre la France, et entraîner l'année suivante l'abdication de l'Empereur.

Trois siècles et demi plus tard, nous revivrons

une aventure du même genre ici-même, à Verdun.

Les deux autres étapes décisives dans la constitution de notre unité nationale à l'Est de la Meuse furent :

1º Au xviiᵉ siècle l'occupation de l'Alsace et l'établissement par Louis XIV, entre Meuse et Rhin, d'une frontière politique coïncidant à peu de chose près avec notre frontière linguistique et s'appuyant respectivement à chacun de ces deux fleuves ;

2º Au xviiiᵉ siècle, la réunion à la France, sous Louis XV, de l'enclave des duchés de Lorraine et de Bar, incluse dans cette frontière.

L'occupation des Trois-Évêchés
et la frontière de Louis XIV entre Meuse et Rhin.

Puisque je traite du problème de l'unité morale des populations frontière en liaison avec celui de la sécurité du territoire, il ne sera pas inutile, je pense, de vous exposer certains faits relatifs à cet objet et de nature à vous éclairer.

Tout d'abord, je rappellerai que l'occupation des Trois-Évêchés ne fut nullement le résultat d'une conquête. Lorsque le connétable de Montmorency prit possession de la ville de Metz, en

1552, au nom du roi Henri II, il le fit à l'appel des membres les plus influents de la République messine, qui voulaient placer leur ville sous la protection du Roi de France (comme Verdun l'avait fait déjà à plusieurs reprises depuis Philippe le Bel), en vue d'échapper définitivement aux entreprises que menaient périodiquement les gens des ducs contre leur indépendance.

Au cours des XIVe et XVe siècles, en effet, les ducs de Lorraine n'avaient pas entrepris moins de six guerres contre l'opulente cité messine qu'ils convoitaient. Les haines, qui en étaient résultées chez les Messins, devaient être plus fortes que l'amour de leur indépendance.

En second lieu, ce fut bien avec l'assentiment des populations que Louis XIV fixa la frontière définitive de la France entre Meuse et Rhin.

Nos amis de Luxembourg, si légitimement attachés à leur indépendance, ne me démentiront pas sur ce point, dans cette ville de Verdun qui, à l'heure de sa grande détresse, ressentit hier encore si efficacement les effets de leur rapide et généreuse intervention.

Enfin l'unité de l'œuvre magistrale de Vauban procède de toute évidence d'une conception politique initiale d'ensemble, et je ne sais ce qu'il faut le plus admirer de la science de notre plus

grand ingénieur militaire ou du génie de notre
plus grand Roi, qui, avec un sens de la mesure
et une vue pénétrante de l'avenir absolument
remarquables, sut comprendre que, pour être
forte, la France devait être équilibrée, et que,
sur sa seule frontière vulnérable, l'organisation
militaire la mieux comprise ne serait rien, si
elle n'était pas étayée par l'union morale des
populations basée sur la communauté de race,
de langue, de mœurs et d'intérêts.

La réunion de la Lorraine à la France.

Restait la dernière et la plus dure étape, celle
de la réunion de la Lorraine à la France, non
pas que l'occupation des duchés situés à l'intérieur de la frontière de Louis XIV pût présenter
quelque difficulté, mais en cette affaire délicate il
convenait de tenir compte de la formation intellectuelle et morale des populations, de leurs lois
et coutumes et de leur attachement à leurs ducs.
Une fois ceux-ci sortis de France par leur
accession à la Couronne d'Autriche et par leur
renonciation à leurs droits sur les duchés,
l'œuvre de la diplomatie française était terminée.
Mais l'ère difficile de l'assimilation judiciaire et
administrative, et surtout de la conquête morale
des populations commençait.

L'assimilation des duchés par les Trois-Évêchés sous l'ancien régime.

Aujourd'hui, à cent cinquante ans de distance, un problème analogue se pose à nous dans nos pays frontière, dont, je le répète, l'unité morale est un élément nécessaire de force et de sécurité pour la nation.

Vous voyez que l'étude de l'Histoire n'est pas inutile et c'est pourquoi je vous demande la permission de m'arrêter un instant au précédent intéressant que constitue la fusion des duchés de Lorraine et de Bar dans l'unité française.

L'assimilation judiciaire et administrative est confiée au chancelier de la Galaizière, qui accomplit sa tâche d'une main parfois un peu rude, dont les Lorrains ont conservé le souvenir.

Un pays comme la France ne saurait, en effet, voir ses droits de souveraineté contestés dans un tel domaine.

Mais restait la question délicate de la fusion morale des esprits et de la lutte contre un particularisme presque millénaire.

Et ici les Trois-Évêchés vont jouer le rôle capital.

Au cours des siècles précédents, la diplomatie

prévoyante de la Maison de France s'était toujours victorieusement opposée en Cour de Rome à la constitution d'un Évêché spécial au duché de Lorraine.

De ce fait, au moment de la réunion des duchés à la France, celle-ci ne se heurtera pas à un clergé particulariste et indifférent, sinon hostile à sa cause, mais elle aura à son service le patriotisme éclairé et l'autorité des évêques de Metz, Toul et Verdun, dont la juridiction s'étend sur les duchés qu'ils se partagent.

L'œuvre de la Constituante.

Ce n'est pas tout. Au moment de la Révolution, les duchés n'étaient entrés dans l'unité nationale que depuis vingt ans, tandis que les Évêchés en faisaient partie intégrante depuis deux siècles et demi.

Devant le problème national, qui s'impose à son attention, la Constituante n'hésite pas. Elle disloque la province des Trois-Évêchés qui, cependant, avec le Sedanais et le Luxembourg français, formait le pivot de notre sécurité sur notre frontière du Nord-Est depuis le traité de Westphalie, et elle forme trois départements :

Le département de la Meuse, dans lequel

l'évêché de Verdun équilibrera et absorbera le duché de Bar ;

Le département de la Meurthe, dans lequel l'évêché de Toul équilibrera le bailliage français de Nancy de l'ancien duché de Lorraine, et formera avec lui un bloc de langue française chargé d'assimiler le tiers sud du bailliage d'Allemagne dudit duché (Sarrebourg et partie est de Château-Salins) ;

Enfin, le département de la Moselle, dans lequel le bloc de langue française formé par Metz, le Pays Messin et le Pays Haut de Briey et de Longwy, assimilera les deux tiers nord de cet ancien bailliage d'Allemagne, qu'il ne connaissait pas auparavant et dans lequel se parlait, non pas la langue allemande comme aujourd'hui, mais un jargon auquel les Français ni les Allemands ne comprenaient rien.

Quatre-vingts ans après, en 1870, ce système de groupements équilibrés avait produit son plein effet dans les départements de la Meuse et de la Meurthe, et il était bien près d'aboutir dans le département de la Moselle, grâce au patriotisme ardent des populations, aux efforts combinés des autorités judiciaire et administrative, grâce surtout à l'appui donné à partir de 1865 aux instituteurs des pays de dialecte dans la question primordiale de la diffusion de la langue française par notre grand évêque, Mgr Dupont des Loges, revenu des préventions initiales qu'il tenait de ses origines bretonnes.

Destruction de l'œuvre de la Constituante par le traité de Francfort.

Avec le traité de Francfort, Bismarck procède exactement en sens inverse de la Constituante. Puisque, pour des raisons purement stratégiques, de Moltke exigeait l'annexion à l'Allemagne de Metz, qui était une quintessence de France, il parut logique au chancelier de dissocier le bloc de langue française du Pays Messin et du Pays Haut (dont la capitale dominait de tout son prestige les pays de dialecte de la Moselle française) et de reconstituer l'ancien bailliage dit d'Allemagne dans son intégralité par prélèvement sur la Meurthe de deux arrondissements. Il espérait de cette façon former un bloc qui dominerait de sa masse, dans la Lorraine allemande, Metz et le Pays Messin, séparés du Pays Haut par la nouvelle frontière.

Une mystification bismarckienne.

Et ce fut ainsi que Metz, déchue de son prestige pour les besoins de la cause allemande, fut promue ironiquement au rang de capitale de la Lorraine allemande, elle qui, pendant des siècles et des siècles, avait lutté désespérément, puis s'était jetée finalement dans les bras de la France pour ne pas être incorporée à la Lorraine.

Cette mystification inattendue ne s'explique que par la volonté de Bismarck d'affirmer solennellement la volonté allemande de faire cesser le rôle que la France assignait auparavant à Metz ; aussi bien son rôle d'assimilation vis-à-vis des populations de dialecte dans l'ancienne Moselle, que son rôle de rayonnement vis-à-vis des populations sarroises et rhénanes au delà de la frontière.

Le phare français, qui avait brillé avec tant d'éclat pendant plus de trois cents ans sur les bords de la Moselle, s'éteignait brusquement. Le lit allemand était constitué.

Maintien du lit allemand en 1918 malgré la désannexion.

Aujourd'hui, où la Meuse et la Meurthe sont françaises des pieds à la tête et de la tête au cœur, nous nous trouvons, en Moselle, en présence non pas d'un ancien département français désannexé, mais d'une province de formation bismarckienne, qui n'aurait certes pas répondu aux besoins français en 1790, et où, depuis l'annexion, sont venus se fixer par surcroît nombre d'immigrés allemands faisant aujourd'hui profession de communisme, ce qui leur paraît un bon moyen de préconiser le renversement et la destruction de toutes choses en France au nom de convictions politiques, qu'ils n'ont peut-être pas, et en dissimulant les sentiments antifrançais, qu'ils professent certainement.

Le problème donc se retourne et, devant ce nouvel état de choses, nul doute que nos pères de la Constituante eussent adopté un équilibre différent.

Si l'autorité militaire ne saurait se désintéresser d'un problème d'ordre moral et politique, dont dépend la sécurité même du territoire, et s'il est légitime qu'elle contribue à en dégager les éléments, il ne lui appartient pas d'en indiquer ici la solution.

II

LA SÉCURITÉ DE LA FRANCE

La Notion d'équilibre.

Et maintenant, après avoir montré avec quel soin jaloux nos ancêtres ont cherché à résoudre le problème de l'union morale de nos populations frontière, je voudrais vous exposer brièvement, en m'appuyant toujours sur l'Histoire, les grands principes qui conditionnent la force et, par conséquent, la sécurité de la France.

Tous les peuples ont un génie qui leur est propre et qui se retrouve dans toutes leurs manifestations extérieures.

Celui de nos voisins, amoureux du colossal, est fait de puissance et procède par affirmations constantes devant le monde entier étonné, en attendant qu'il puisse être subjugué.

Le génie de la France est fait de mesure, d'harmonie et d'équilibre. Il suffit de jeter les yeux sur nos monuments et nos promenades publiques pour s'en convaincre.

Si nos ancêtres des Gaules ont été marqués d'une empreinte indélébile par la mesure et la clarté de la civilisation latine (dont procède directement la notion d'équilibre), il faut reconnaître que les vicissitudes de la formation, puis de la défense de notre unité nationale, nous ont fait par la suite de cette notion d'équilibre un impérieux devoir.

Et c'est ainsi qu'un des effets les plus néfastes du traité de Francfort fut de modifier notre équilibre intérieur, en donnant la prépondé-

rance aux éléments d'imagination sur les éléments de pondération. Le retour de nos trois
départements libérés a fait cesser fort heureusement ce déséquilibre.

Mais c'est surtout, je le répète, dans le domaine de la défense nationale, et par conséquent
de la sécurité, que cette notion d'équilibre est
indispensable à la France.

La France puissance continentale et coloniale.

Par suite de sa situation géographique, la
France, à cheval sur deux mers et ayant pris de
bonne heure conscience de son unité nationale,
devait fatalement, comme la Grande-Bretagne,
placée dans des conditions analogues et arrivée
au même stade, chercher à se constituer un
empire d'outre-mer.

Dans cette lutte de vitesse, l'Angleterre est
arrivée bonne première et même parfois a sup-
planté complètement la France, parce qu'elle
n'avait pas, comme celle-ci, une frontière vulnérable et des voisins puissants pouvant attenter
sans cesse à la sécurité de son territoire.

Dans cette lutte plusieurs fois séculaire entre
les deux pays, qui les premiers dans le monde
avaient pu constituer leur unité nationale, la
France fut la plus forte chaque fois que son

gouvernement ne se laissa pas acculer à choisir entre les nécessités maritimes et coloniales d'une part et la nécessité vitale de sa sécurité d'autre part.

Aujourd'hui, où par suite des progrès modernes, cette notion de la sécurité territoriale a pris pour nos voisins un sens presque aussi aigu que pour nous, il était naturel que les deux pays voisins et complémentaires, si souvent dressés l'un contre l'autre, comprissent enfin, dans un mouvement d'estime réciproque, qu'ils étaient désormais solidaires.

Cette situation de fait me met fort à l'aise pour rappeler que la France a perdu son empire du Nouveau Monde et des Indes au XVIIIᵉ siècle, parce qu'elle avait négligé de maintenir un juste équilibre entre ses forces de terre et de mer, et parce que sa diplomatie avait laissé poser en même temps les deux problèmes.

La situation de notre grand empire africain à notre porte nous place à ce point de vue dans une situation beaucoup plus favorable que celle de nos pères du XVIIIᵉ siècle ; mais cette situation ne supprime pas pour la France la difficulté qu'elle aurait, en cas de nouvelle agression, à porter des coups décisifs sur deux continents à la fois.

La liberté d'action de la France, condition essentielle de sa sécurité.

Et c'est ainsi qu'après l'union morale des populations frontière et l'équilibre en tout temps de nos forces métropolitaines, maritimes et coloniales, nous voyons apparaître un dernier facteur essentiel de notre sécurité. C'est, en raison de la réduction nécessaire de nos effectifs du temps de paix, la nécessité qui s'impose à nous de pouvoir à notre gré réserver notre liberté d'action pour faire face à un danger imprévu, sans avoir à sacrifier « les écuries pour sauver la maison », suivant l'expression de Choiseul.

La liberté d'action de la France, condition essentielle de sa sécurité, est une question de prévoyance diplomatique et d'organisation militaire, dont la solution appartient en propre au gouvernement.

Aussi me bornerai-je, comme pour la question de la fusion morale des populations frontière, à vous rappeler sur ce point les enseignements de l'Histoire.

C'est bien par des moyens diplomatiques et militaires que l'ancienne France, sous Louis XIV,

avait assuré sa liberté d'action sur tous les terrains et la sécurité de son territoire, grâce à
une organisation raisonnée et formidable de sa
frontière complétée par un glacis allant jusqu'au Rhin, où aucune autre puissance n'avait
le droit de s'établir à demeure et dont l'incorporation à l'unité française eût paru en ce
temps un élément de faiblesse.

Sous la Révolution, la sécurité fut assurée en
faisant camper nos armées sur le Rhin, dans
une Rhénanie acquise de longue date à notre
influence.

Sous l'Empire, Napoléon l'imposa à l'Europe
par le mouvement et la victoire, et nous savons
ce que cela nous a coûté, car on ne saurait tenir
indéfiniment une gageure de ce genre. Et ce fut
ainsi qu'en 1815 nous avons vu disloquer notre
frontière et s'installer à notre porte les Prussiens et les Bavarois, dans un pays qui n'était
pas le leur.

En 1918, après la victoire, nous avons porté
nos armées sur le Rhin, situation logique et
nécessaire d'armistice jusqu'à la signature de la
paix.

Mais, hantés par nos souvenirs de la Révolution, certains esprits ont voulu faire en 1919 la
politique de 1792, comme si le milieu rhénan
était resté le même et comme s'ils avaient der-

rière eux une France intacte, libre de tous soucis coloniaux et prête à intervenir au premier appel avec toutes ses forces.

Une France coloniale ne peut raisonner comme une France exclusivement continentale, et ce qui se passe en ce moment dans l'Afrique du Nord nous donne à ce sujet l'avertissement nécessaire.

Le génie militaire de Napoléon, qui excellait dans la manœuvre des lignes intérieures, ne raisonnerait pas autrement devant le problème actuel, dont le génie politique de Louis XIV nous a d'ailleurs donné la solution il y a deux siècles et demi.

Le quadrilatère Luxembourg-Metz-Verdun-Sedan.

Je n'entrerai sur ce point dans aucun développement technique. Je me bornerai à vous rappeler que la clef de tout le système de Vauban sur notre frontière du Nord-Est se trouvait alors ici-même dans l'organisation du quadrilatère Luxembourg-Metz-Verdun-Sedan, entre les deux trouées de l'Oise et de la Sarre.

Et cette vue d'ensemble était juste, comme l'événement l'a prouvé par la suite.

En 1815, l'avancée du Luxembourg nous fut enlevée et tout le système fut décapité.

En 1870, nous avons été battus sur la deuxième ligne à Metz et à Sedan, et nous avons perdu Metz.

En 1914, c'est l'occupation de Metz et de Luxembourg qui a permis le développement de la manœuvre allemande.

Restait le réduit de ce système tutélaire, c'est-à-dire Verdun, dont l'héroïsme de nos soldats a porté la renommée aux quatre coins du monde, en sauvant la France durant la dernière tourmente.

III

CONCLUSION

Messieurs, j'ai terminé, et je m'excuse d'avoir abusé si longtemps de votre obligeante attention. Puissé-je vous avoir convaincu !

Vous jugerez peut-être avec moi qu'il appartenait à la Vigie placée sur ce terrain, de vous rappeler certaines vérités imprescriptibles, dont la méconnaissance, demain comme hier, travaillerait contre la force et la sécurité de la France, et, par là même, contre la paix du monde.

CHAPITRE II

LA RÉGION DU NORD-EST (1)

Mesdames,
Messieurs,

Je ne me doutais guère que le fait d'avoir accordé il y a trois ans l'accès du Saint-Quentin à tous les touristes de France et de Navarre, à la demande du général Hirschauer, m'amènerait à prendre la parole devant vous aujourd'hui.

Si vous le voulez bien, j'essaierai de m'en tirer encore une fois par le moyen de l'Histoire et de l'Apologue cher aux Anciens.

Voyage de Monseigneur de Montmorency.

Comme disaient les contes de Perrault, il y avait une fois un grand seigneur qui fut envoyé à Metz pour y prendre possession du siège épiscopal.

-----

(1) Discours prononcé à Metz le 11 octobre 1925 au banquet offert par le Touring-Club à l'occasion de l'inauguration de la table d'orientation du Saint-Quentin.

Ce grand seigneur, qui portait un des plus beaux noms de France, n'était autre que Mgr de Montmorency, le dernier évêque de Metz avant la Révolution.

Le rail n'existait pas, Messieurs du Touring, et Mgr de Montmorency arrivait par la route, en une confortable berline de voyage.

Parvenu en haut de la côte de Gravelotte, il fit arrêter sa voiture et mit pied à terre avec le jeune clerc, qui lui servait de secrétaire.

A leurs pieds s'étendait le magnifique panorama, que vous admirerez dans quelques instants du haut du Saint-Quentin.

Metz brusquement s'offrait à leurs yeux, toute baignée par le soleil couchant, reposant mollement dans sa ceinture de remparts, aux bords de la rivière que chanta Ausone, mélange de force et de grâce, grande Dame toujours accueillante, qui ne se livre qu'à celui qui sait la comprendre et l'aimer.

Le jeune compagnon de voyage de Mgr de Montmorency, ne pouvant contenir son admiration, s'écria : « Oh ! Monseigneur, que c'est beau ! » A quoi son maître répondit simplement : « Taisez-vous, bavard ! »

Je tiens l'anecdote, Messieurs, de Mgr Pelt, évêque de Metz.

Et de fait, n'est pas bavard seulement celui

qui parle trop, mais celui qui parle à contre-temps.

Si Mgr de Montmorency admirait, certes, ce spectacle imprévu, comme une révélation, il ne pouvait s'empêcher de songer également au présent, au passé, à l'avenir peut-être..... et il entendait ne pas être troublé dans sa méditation.

Vous le voyez, il n'est pas interdit au touriste d'être philosophe à ses heures.

Metz terme d'une civilisation.

Mgr de Montmorency, donc, mesure le chemin parcouru depuis que son ancêtre, le connétable, a pris possession de la Ville de Metz au nom du Roi Henri II, deux siècles et demi auparavant.

Il sait que pour accéder à Metz, le voyageur venant du cœur de la France doit traverser l'Évêché de Toul ou celui de Verdun.

Dans chacune de ces deux villes, on entre par la porte de France et l'on sort par la porte de Metz : d'un côté toute la France, et de l'autre Metz, la fin du Pays de France.

Arrivé au terme du voyage, on pénètre encore dans la ville sainte par la porte de France largement ouverte; mais, au delà, c'est la route qui monte aujourd'hui vers le monument de Noisseville, que nos pères appelaient la route d'Allemagne et qu'ils avaient barrée à la sortie même de la cité par la fameuse porte des Allemands, puis par le fort Bellecroix.

Dans un autre ordre d'idées, Mgr de Montmorency, qui a traversé notre vieille province de Champagne avant d'entrer dans celle des Trois-Évêchés, n'ignore pas que ce magnifique vaisseau, qui scintille sous ses yeux et qui demain sera sa cathédrale, est d'art champenois.

Il sait encore que le Pays Messin est à la limite des langues, et que non loin de Metz commence non pas la langue allemande, mais le jargon des tribus franques installées sur la rive gauche du Rhin, à la demande de l'Empire Romain, pour en défendre l'accès contre les incursions des Germains.

Metz, ville gallo-romaine, puis république indépendante de langue française, devenue enfin le rempart de la France face aux Allemagnes, marque bien, vers l'Est, la fin d'une civilisation deux fois millénaire.

Au delà, Metz ne peut agir au profit de la France que par son rayonnement. Mais de cela je ne parlerai pas aujourd'hui.

D'ailleurs, les vérités que je viens de vous

exposer sont les seules qui intéressent l'organisation du tourisme. Car il en ressort clairement
que séparer Metz des régions de l'Ouest (du
Verdunois, du Sedanais et de la Champagne) —
sans oublier le Luxembourg, — c'est commettre
une erreur historique et touristique inexpiable.

La zone touristique du Nord-Est.

Les touristes, dans le domaine touristique,
comme les militaires dans le domaine stratégique, ne doivent se déterminer que d'après des
considérations qui leur sont propres. Et les touristes, comme les militaires et les économistes,
se rencontrent sur un point extrêmement important, qui est celui du réseau de communications.

Une des premières choses que je fis, lorsque
j'arrivai à Metz, il y aura bientôt quatre ans, fut
précisément de porter mon attention sur ce point
capital, et il m'apparut que si j'avais à mener un
jour une bataille de Verdun en avant de Metz
pour la défense d'une zone primordiale au double point de vue stratégique et industriel, je ne
pourrais me passer de la ligne directe Metz-
Thiaucourt-Lérouville, par la vallée du Rupt-de-
Mad.

En l'état actuel des finances publiques, ce que de simples considérations d'ordre économique ou moral ne pouvaient réaliser, les nécessités de la défense nationale ne pouvaient pas ne pas l'obtenir.

Vous savez qu'aujourd'hui le travail est en pleine exécution. Et vous verrez bientôt les bienfaits de tous ordres qui en résulteront pour Metz et toute la région.

Sic vos non vobis mellificatis, apes.

Et voilà, Messieurs du Touring, que vous allez vous trouver en présence de deux zones voisines, mais bien distinctes et parfaitement desservies par des lignes ferrées à grand rendement :

La zone de l'Est ou des Vosges, incluse dans la boucle Paris - Nancy - Strasbourg - Colmar-Mulhouse-Belfort-Chaumont-Troyes-Paris ;

La zone du Nord-Est ou des Ardennes-Argonne, incluse dans la boucle Paris-Reims-Mézières - Sedan - Luxembourg-Thionville-Metz-Bar-le-Duc-Châlons-Paris.

La première comprend la Champagne du Sud, et la seconde celle du Nord.

Hésiteriez-vous encore ? Ne pensez-vous pas que c'est de Nancy et non de Metz que l'on ira

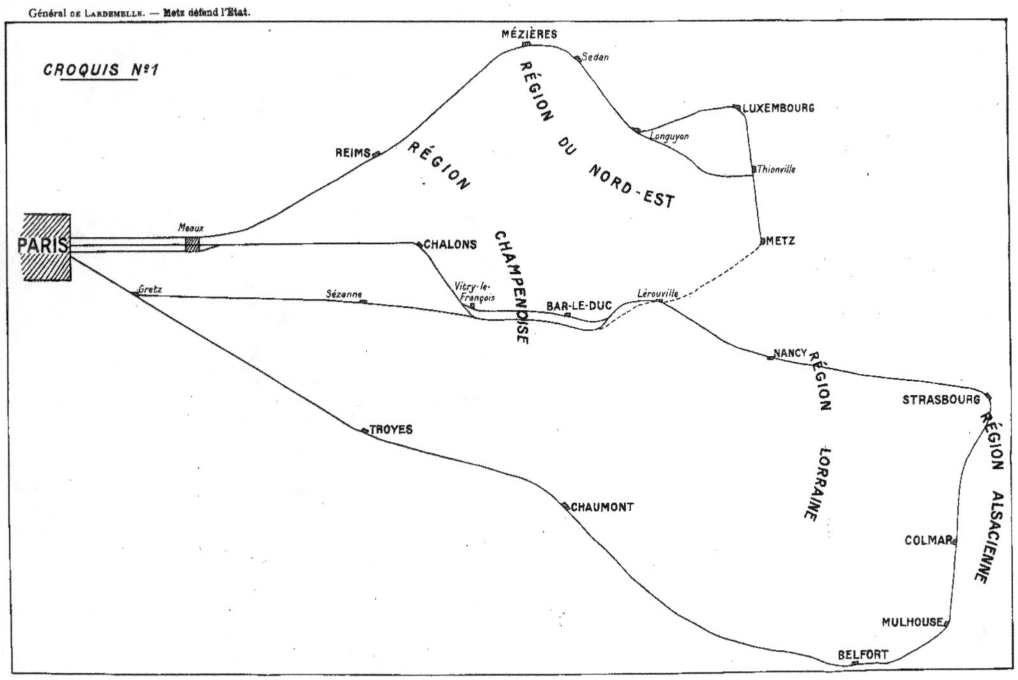
CROQUIS N°1
MÉZIÈRES
Sedan
LUXEMBOURG
RÉGION DU NORD-EST
REIMS
RÉGION
Longuyon
Thionville
Meaux
PARIS
CHALONS
METZ
Gretz
Sézanne
Vitry-le-François
BAR-LE-DUC
Lérouville
CHAMPENOISE
NANCY
RÉGION
STRASBOURG
TROYES
LORRAINE
RÉGION ALSACIENNE
CHAUMONT
COLMAR
MULHOUSE
BELFORT

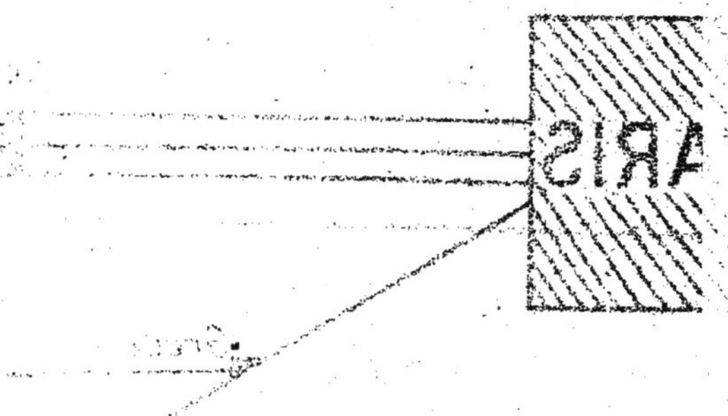

demain voir les jolies vallées des Vosges des
régions de Dabo, de la Petite-Pierre et de Bit-
chè? Les habitants de Sarreguemines ne vien-
nent-ils pas de vous le dire en demandant qu'on
facilite leurs communications avec Nancy.

En vérité, les militaires en réunissant les deux
versants des Vosges et en scindant en deux le
département de la Moselle, vous ont montré le
chemin.

Vous ne pouvez, d'ailleurs, dissocier au point
de vue touristique tous les champs de bataille
depuis les Champs Catalauniques jusqu'à Metz,
en passant par Verdun, où se sont jouées les
destinées de la France.

Ainsi donc, Messieurs, tout est d'accord pour
proclamer l'unité parfaite de notre région du
Nord-Est, à laquelle se rattache étroitement la
ville de Metz et dont elle a tiré toute sa force
dans les siècles passés ; unité touristique, unité
stratégique, unité ferroviaire, unité économique
(du bassin industriel), unité judiciaire (de notre
ancienne cour d'appel), unité linguistique et
enfin unité ethnique, car les Médiomatriciens
étaient aussi voisins que différents des Trévires
du Nord et des Leucques du Sud.

Vouloir aller contre de semblables forces, ce
serait vouloir faire remonter les rivières vers

leurs sources et finalement travailler contre la France, sur sa frontière même.

Conclusion.

Messieurs,

Voici exactement quarante ans que je porte l'uniforme et que, je puis le dire, je travaille avec l'unique pensée de libérer ma petite Patrie et de la réintégrer dans son antique prestige pour la plus grande gloire de la France.

> Lorsque le pélican, lassé d'un long voyage,
> Dans les brouillards du soir retourne à ses roseaux
> . . . .

Au soir de la vie, revenu à mes roseaux, il me semblait en approchant du nid familial que rien n'était changé. Les environs immédiats étaient calmes et semblables à ce qu'ils avaient été autrefois.

Je m'approchais davantage et je constatais avec douleur que le nid lui-même avait été dévasté. A l'intérieur se trouvaient des coucous, lesquels sont accoutumés, comme chacun sait, de faire leurs enfants dans le nid des autres. Et ces volatiles poussaient des cris discordants.

Il ne faut pas tenir compte de ces cris ; il faut refaire le nid et, Messieurs du Touring, vous pouvez nous y aider, dans la mesure que je viens de vous indiquer, en faisant la zone touristique du Nord-Est.

Pour cet objet de la restauration de Metz inséparable de la force et de la grandeur de la France sur sa frontière, les efforts de tous les hommes de bonne volonté sont nécessaires.

Donc, qu'ici même, à Metz, les abeilles travaillent sans relâche et sans bruit, mais efficacement ! Et que personne n'en prenne ombrage ! Lorsque la reine est fécondée, le mâle est supprimé, et les abeilles continuent à distiller le miel, qu'elles ne mangeront pas.

Sic vos non vobis mellificatis, apes.

CHAPITRE III

REMEMBREMENT DES PAYS ENTRE MEUSE ET VOSGES (1)

Bases de notre réorganisation frontière.

Le *Journal officiel* du 19 avril 1923 a publié un décret en date du 14 du même mois relatif à la nouvelle répartition des régions frontière, en le faisant précéder de la lettre portant envoi à la signature du Président de la République.

Dans cette lettre, le Gouvernement s'exprime ainsi :

« L'expérience de ces dernières années vient de démontrer la nécessité de faire disparaître certaines limites arbitraires résultant de la mutilation de notre frontière de l'Est par le traité de Francfort et de procéder à une nouvelle organisation basée sur les intérêts historiques, économiques et sur la facilité des communications. »

---

(1) Solution proposée en décembre 1925.

En d'autres termes, le Gouvernement convaincu qu'une organisation créée de toutes pièces par Bismarck, pour les besoins de la cause allemande, ne saurait convenir pour les besoins de l'unité et de la sécurité françaises, entend aboutir *à bref délai* sur notre frontière vulnérable à une réorganisation d'ensemble répondant exactement aux intérêts économiques et stratégiques, tels qu'ils ressortent de l'étude des communications et de l'Histoire.

Et je dis « à bref délai » parce que logiquement cette réorganisation doit être terminée, lorsque prendra fin une occupation rhénane conditionnée, non seulement par les Traités, mais encore par nos nécessités intérieures et coloniales.

Certains esprits critiques diront peut-être que l'Histoire n'a rien à voir en cette affaire. Je leur demanderai de m'expliquer comment, après un demi-siècle de séparation, nous pourrions rattacher nos compatriotes alsaciens et mosellans au Passé en ignorant ce Passé.

Considérations générales stratégiques et économiques.

Or, ce passé nous montre entre Meuse et Rhin trois régions de caractère et d'intérêts absolument distincts, ayant eu dans l'unité française des missions respectives bien définies, dont l'heureuse combinaison faisait la force de la France en son point le plus sensible.

Ce sont très exactement :

1° la région alsacienne, qui stratégiquement fait face à l'Est et à l'Allemagne du Sud et ne peut se fondre économiquement dans l'unité française, ou vivre par et pour le Rhin, que grâce aux communications traversant les Vosges ;

2° la région ardennaise-mosellane, à cheval sur la Meuse et la Moselle, qui stratégiquement fait face à la Rhénanie et à la direction de l'Allemagne du Nord et qui économiquement ne peut vivre de la vie française que par les communications la reliant directement à la région parisienne et au Nord de la France ;

3° entre Vosges et Haute-Moselle, la région intermédiaire de l'ancien duché de Lorraine, qui stratégiquement double et étaye l'Alsace derrière la barrière des Vosges et économiquement se relie à la vie française, comme au port de Strasbourg, par les voies de communications desservant l'Alsace.

Autrement dit, Nancy, qui par son réseau de communications domine toutes les hautes vallées des Vosges, depuis le ballon d'Alsace jusqu'à Sarreguemines, fait face à l'Est comme Strasbourg, et les deux versants des Vosges se conjuguent étroitement au double point de vue stratégique et économique.

Metz, au contraire, fait face au Nord, et le Pays entre Meuse et Moselle placé entre les deux trouées de l'Oise et de la Sarre, forme au double point de vue stratégique et économique un tout, dont la mission et les besoins sont nettement différents de ceux du groupement précédent.

Si le groupement des deux versants des Vosges n'a pas toute l'homogénéité nécessaire, la France inquiète sur son flanc droit ne peut plus donner son plein effort face à la direction la plus dangereuse pour elle.

Et réciproquement, si le système entre Meuse et Moselle manque de force, tout le groupement vosgien est menacé d'être pris à revers.

C'est donc l'intérêt évident de la France, comme de la région vosgienne, de rendre à l'ancien Pays mosellan actuellement dissocié, son unité et sa force d'antan. La sécurité de la France comme celle des deux versants des Vosges en dépend.

Et c'est, je pense, à cette préoccupation essen-

tielle qu'a répondu le décret du 14 avril 1923,
qui consacre la solidarité des deux versants vos-
giens et l'unité du pays entre Meuse et Moselle,
en rejetant vers l'Ouest les Mosellans de la basse
vallée de la Moselle, conformément à l'intérêt
national et à leur intérêt propre.

La dissociation du Pays Mosellan.

Entre le Luxembourg et la Suisse, le traité de
Francfort avait substitué à notre ancienne frontière pleine à angle droit une frontière à crémail-
lère, dans laquelle le bastion offensif de Metz,
entre les mains des Allemands, nous condamnait
à reporter toutes nos organisations défensives
sur la ligne de la Haute-Moselle et de la Meuse.
Résultat d'une importance stratégique inappré-
ciable pour nos ennemis dans l'hypothèse d'une
nouvelle agression !

Au point de vue administratif, la forme même
de la nouvelle frontière avait entraîné la constitution de deux systèmes coudés se faisant face :
1º le système strasbourgeois, dont une branche
s'étendait au Sud vers la Haute-Alsace et l'autre
branche vers l'Ouest jusqu'à Metz ;
2º le système nancéien, dont une branche s'é-

tendait vers l'Est jusqu'aux Vosges et l'autre branche vers le Nord jusqu'au Grand-Duché.

Ainsi donc, la dissociation du Pays mosellan provoquée par les Allemands pour des besoins exclusivement stratégiques, et consommée par le tracé de la nouvelle frontière, avait eu pour résultat de rattacher arbitrairement le Pays de Metz à Strasbourg, qui en fit une colonie, et le Pays-Haut à Nancy, qui l'exploite encore pour des besoins budgétaires.

L'intérêt de la France exigeait que cette organisation prît fin le jour même où cessait la situation politique, qui l'avait provoquée.

Il aura fallu sept ans à Metz pour recouvrer son indépendance vis-à-vis de Strasbourg.

Faudra-t-il sept ans encore pour que la France achève l'œuvre de son unité par la reconstitution de la région mosellane face à la Rhénanie ?

L'idée d'une grande Lorraine allant des Faucilles aux Ardennes, née des prétentions budgétaires de Nancy sur le Pays-Haut, n'a pu germer que dans des esprits aussi ignorants du passé qu'imprévoyants de l'avenir. Car elle aurait pour effet non seulement de consacrer la dissociation néfaste du Pays mosellan, mais encore de mettre la Petite Alsace dans une situation subordonnée absolument inadmissible.

L'autonomisme résultat d'une mauvaise organisation.

L'autonomisme est une fleur du mécontentement et le mécontentement parfaitement justifié, qui serait la conséquence directe pour Metz et indirecte pour Strasbourg de cette conception d'une grande Lorraine, ne ferait que renforcer un mouvement qui n'aurait jamais dû voir le jour, si l'on avait bien voulu comprendre qu'on ne peut faire de la politique française dans une organisation allemande.

Cette organisation était celle d'un conquérant s'installant en pays ennemi.

Elle était basée essentiellement sur le principe d'autorité s'appuyant d'une part sur une bureaucratie puissante (recrutée en Moselle dans un personnel bilingue étranger au pays) et d'autre part sur des notables *investis* vis-à-vis du corps électoral et vis-à-vis de ceux qui actionnaient directement ce dernier.

L'interdépendance de tous les rouages de cette machine en faisait la force entre les mains de l'autorité allemande.

Grâce au Commissariat général, les bureaux de Strasbourg ont voulu continuer à gouverner avec un système, dont ils avaient éprouvé la puissance, sans voir que la pièce essentielle avait été supprimée par l'éclipse du principe d'autorité.

Car l'autorité administrative *française* s'adressant à des *Français* devait être fatalement amenée à les prendre par le cœur et les sentiments et, par conséquent, à faire de la *clientèle* vis-à-vis de notables, dont elle était par ailleurs tributaire à certains égards.

Dès lors, que pour un motif quelconque, *légitime ou non*, il 'y ait collusion momentanée d'intérêts entre ceux qui étaient précédemment actionnés par le principe d'autorité, et la machine sans contre-poids va devenir folle! C'est bien à ce spectacle qu'il nous fut donné d'assister récemment.

Il a fallu vraiment que les populations mosellanes fussent foncièrement françaises et que le patriotisme de ses dirigeants fût au-dessus de tout soupçon, pour que l'édifice bismarckien ne s'y soit pas écroulé entre les mains de la France dans une pareille aventure.

La leçon est suffisante! Et il ne paraît pas

utile de tenter une nouvelle expérience en soulevant, par une inertie coupable, une nouvelle vague de mécontentement provoquée cette fois par la méconnaissance des considérations historiques, économiques et stratégiques, dont dépend l'avenir de toute une région, ainsi que la force et la sécurité de la France sur sa frontière même, au point le plus critique.

De toute évidence, dans l'économie générale française, le problème alsacien et le problème mosellan sont placés sur deux plans absolument distincts.

Seuls certains intérêts particuliers d'ordre matériel ou moral combattent encore contre l'intérêt général dans cette affaire, en prétendant que les organisations stratégique, économique et administrative peuvent être indépendantes les unes des autres et tirer chacune dans un sens différent, sans qu'il en résulte aucun dommage pour la France et les populations directement intéressées.

Les voies de communication.

Avant 1914, entre les fronts de déploiement stratégique français et allemand, il existait un blanc ferroviaire, traversé par de rares voies de communication.

Les exigences de la défense nationale commandaient impérieusement que le redressement de cette situation ne souffrît aucun retard après l'armistice, et ce travail d'ensemble est en bonne voie d'exécution.

Par ce moyen, nos départements désannexés vont pouvoir enfin revivre complètement de la vie française. Et c'est ainsi que sous peu le *stratégique* va réagir fort heureusement sur l'*économique*.

Pour des raisons stratégiques également, l'ancienne Lorraine bismarckienne a été coupée en deux tronçons: l'un, celui de la Haute-Sarre, faisant face aux Vosges et au Palatinat; l'autre, celui de la Moselle, faisant face à la Basse-Sarre, au Luxembourg et à la Rhénanie.

Économiquement et politiquement, il eût été préférable, sans doute, que la ligne de démarcation passât entre les deux lignes stratégiques Metz-Forbach et Nancy-Sarreguemines. Il conviendra d'y pourvoir.

Dans le même ordre d'idées, les habitants de Sarreguemines et de la Haute-Sarre réclament aujourd'hui des communications rapides avec

Nancy, alors que les habitants du Pays-Haut souffrent encore cruellement de l'insuffisance de leurs communications avec Metz.

Il faudra bien finir par donner satisfaction aux uns et aux autres.

Metz d'ailleurs ne peut rester plus longtemps séparée de sa grande banlieue de l'Ouest par un mur ferroviaire ; et seule la poussée des têtes de lignes du réseau de l'Est jusqu'à la vallée de la Moselle peut résoudre la question.

Mais nous voici au nœud même du problème politique, car maintenant c'est l'*économique* qui va réagir sur le *politique*.

L'Histoire.

Si la région de la Haute-Sarre, d'une unité ethnique et linguistique parfaite, dépend économiquement de Nancy, qui est son centre d'attraction naturel, il ne faut pas oublier qu'elle en a toujours dépendu politiquement jusqu'en 1790, alors qu'elle faisait partie de l'ancien duché de Lorraine.

A dater de cette époque, sa destinée politique

a été régie par des considérations tout à fait étrangères à l'intérêt des populations.

En 1790, cette région fut coupée en deux : la partie Nord de Sarreguemines fut rattachée arbitrairement à Metz, qui précédemment n'avait aucun rapport avec elle, et seule la partie Sud de Sarrebourg resta à Nancy. Et encore le pays lorrain de Saar-Union fut-il passé au Bas-Rhin, tandis que le pays alsacien de Bitche, situé à 120 kilomètres de Metz, fut passé à la Moselle.

J'ai déjà donné les raisons qui ont conduit la Constituante à dissocier ainsi la région de la Haute-Sarre.

J'ai expliqué aussi pour quels motifs Bismarck avait reconstitué cette même région en vue d'écraser politiquement Metz et le Pays Messin, quintessence de France, sous la masse bilingue d'un pays, que Metz ne pouvait dominer économiquement et qui devait fatalement s'appuyer sur Strasbourg et la Basse-Alsace.

J'ai indiqué également pour quelles raisons d'équilibre la Constituante avait été amenée à rattacher Toul à Nancy et Montmédy comme Verdun à Bar-le-Duc.

Je n'insisterai pas.

Et voici quel fut le résultat de tous ces avat

pour les trois départements frontière situés entre Meuse et Vosges, avant et depuis 1870 jusqu'à nos jours :

1° *Entre 1790 et 1870.*

Deux Meuses : celle du Nord (région de Montmédy) sans relation avec celle du Sud (région de Bar) ;

En Moselle un bloc puissant formé par Metz, le Pays Messin et le Pays-Haut, dont l'unité parfaite à tous points de vue (ethnique, linguistique, économique et politique) s'impose étroitement aux pays bilingues de la Basse-Sarre, mais moins directement et moins efficacement à ceux de Sarreguemines et de Bitche ;

Dans la Meurthe, un département d'une unité parfaite au contraire, parce que politiquement et économiquement les liens séculaires n'ont pas été rompus.

2° *Depuis 1870 jusqu'à nos jours.*

Même situation dans la Meuse ;

Par contre, dans la Meurthe, transformée en Meurthe-et-Moselle, un ensemble très fort constitué par ce qui reste de l'ancienne Meurthe, auquel on a adjoint le Pays-Haut de Briey, d'une mentalité absolument différente, relié au reste du département par un isthme de 10 kilomètres de large, et ayant des relations aussi difficiles qu'onéreuses avec une capitale éloignée d'une centaine de kilomètres ;

Enfin une Moselle transformée, comme je l'ai dit, en une Lorraine allemande, à l'extrémité de laquelle Metz est confinée dans son rôle stratégique ; reléguée contre la nouvelle frontière et privée de sa grande banlieue de l'Ouest, Metz végète économiquement et n'est plus politiquement capitale que de nom.

Il est clair qu'une telle organisation ne répond ni aux besoins de la cause française ni à ceux des populations et, bon gré malgré, il nous faudra en arriver incessamment à un remembrement des pays situés entre Meuse et Vosges.

Une solution du problème.

Ici interviennent des considérations d'ordre moral, dont il y a lieu de tenir un compte exact, sans que toutefois leur importance soit de nature à voiler à nos yeux l'intérêt national, qui s'attache à une réorganisation d'ensemble, dont l'urgence n'est plus à démontrer.

De chaque côté de la frontière créée par le traité de Francfort, les populations ont évolué dans un sens différent pendant quarante-sept ans.

Il n'est donc pas désirable que le remembrement envisagé aboutisse simplement à la reconstitution des anciens départements, car cette opération aurait pour résultat de faire rentrer dans la Meurthe d'une part et dans la Moselle d'autre part des minorités, qui pourraient craindre de ne plus faire entendre suffisamment leur voix.

Dès lors, la solution « optima » me paraît être celle qui, tenant compte des liens séculaires rompus arbitrairement non seulement en 1871, mais encore en 1790, *pour des causes abolies aujourd'hui*, permettrait de refaire des départements frontière où il y aurait non plus possibilité de conflit entre minorité et majorité, mais fusion des intérêts par *équilibre* des populations françaises séparées pendant quarante-sept ans.

Nancy reprendrait ainsi toute la Haute-Sarre en perdant le Pays-Haut; et le département de Sarre-et-Meurthe comprendrait, d'une part, l'ancien bailliage d'Allemagne du duché de Lorraine (avec les trois arrondissements de Sarreguemines, de Sarrebourg et de Château-Salins), et, d'autre part, l'ancien bailliage français dudit duché renforcé par le Toulois. La prépondérance économique et politique de Nancy serait largement assurée et l'équilibre du département serait parfait sans que la Haute-Sarre, recevant satisfaction sur le terrain économique, puisse se considérer à aucun moment comme sacrifiée sur le terrain politique.

Le département de la Moselle, à cheval sur cette rivière, perdrait les trois arrondissements passés à la Meurthe, mais reprendrait le Pays-Haut de Briey, auquel il conviendrait d'ajouter l'arrondissement agricole de Montmédy.

Il y aurait ainsi équilibre entre les populations de la rive gauche et de la rive droite de la Moselle ; et Metz, à la poignée de l'éventail, dominant économiquement le département tout entier de Forbach à Montmédy, pourrait reprendre sans arrière-pensée son rôle stratégique face à la Rhénanie, tout en devenant le noyau fortifié dont la défense de notre bassin industriel reconstitué tirerait toute sa force.

Cette réorganisation, *en remettant chacun à sa place*, ferait en somme gagner deux arrondissements à la Meurthe et en ferait perdre un respectivement à la Moselle et à la Meuse.

Accessoirement, elle aurait pour résultat de reconstituer en Moselle le Luxembourg français avec Thionville, Longwy et Montmédy, et, par conséquent, d'équilibrer la *neutralité* du grand-duché entre le Luxembourg français et le Luxembourg belge.

En outre, l'adjonction à la Moselle de Montmédy, aussi bien relié ferroviairement à Metz qu'il l'est mal à Bar-le-Duc, rétablirait la soudure de la Moselle avec les Ardennes, rompue par la perte de Luxembourg en 1815, et referait, par conséquent, l'unité désirable des pays frontière entre Meuse et Moselle.

C'est ainsi que les questions d'organisation doivent être envisagées dans toutes leurs répercussions.

Mais, en toutes choses, il y a des avantages et des inconvénients et il ne convient pas que les seconds nous incitent à la temporisation dans une question qui n'en comporte aucune.

A cet égard, bien que les considérations d'ordre purement politique nous échappent, il ne sera peut-être pas inutile de faire observer que le scrutin d'arrondissement est le seul qui ne préjuge en rien de la solution qui pourra être adoptée pour le remembrement des pays entre Meuse et Vosges.

Quelle que soit cette solution — retour aux anciens départements ou groupements équilibrés

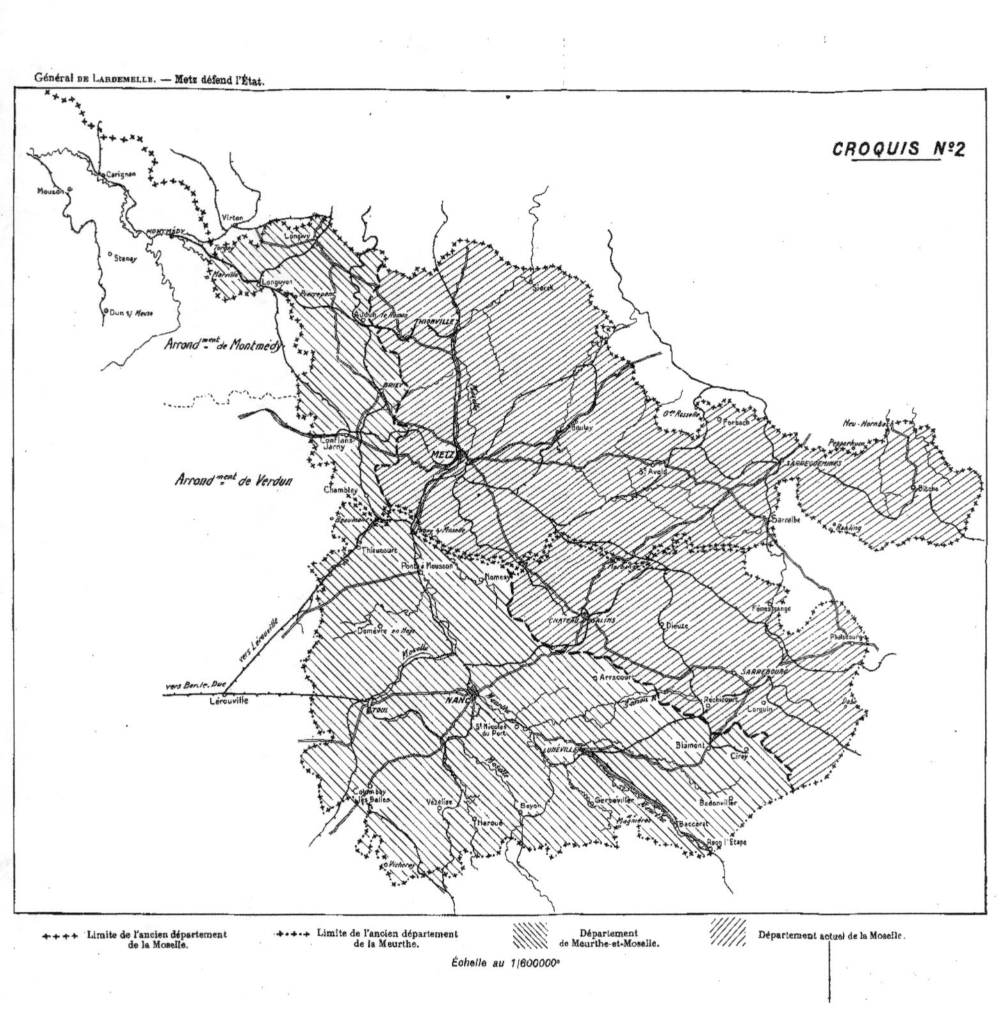

<table>
<tr><td>+ + + +</td><td>Limite de l'ancien département de la Moselle.</td><td>• + • + •</td><td>Limite de l'ancien département de la Meurthe.</td><td>Département de Meurthe-et-Moselle.</td><td>Département actuel de la Moselle.</td></tr>
</table>

Échelle au 1/600000°

conformément aux besoins des populations, —
il convient d'aboutir sans retard, car tout vaut
mieux qu'un *statu quo* qui, manifestement, travaille contre la France.

Et comme l'on ne peut raisonnablement demander aux bénéficiaires d'un système de le
condamner, il faudra bien, pour aboutir dans
cette grave question, que la France se décide à
agir au nom de son seul droit de souveraineté.

Conclusion.

L'achèvement du grand-œuvre de l'unité française fut la pensée qui anima tous les hommes
de la génération de 1660.

Turenne disait : « Il ne faut pas qu'il y ait un
homme de guerre en repos en France, tant qu'il
y aura un Allemand en deçà du Rhin en Alsace. »
Par là, il entendait que l'unité française serait
en péril tant que l'Alsace française, forte de ses
frontières naturelles entre Vosges et Rhin, n'op-
poserait pas une digue infranchissable aux agis-
sements du Saint-Empire et de la Maison de
Lorraine.

Parlant du rôle des deux Places de Strasbourg
et de Luxembourg, Vauban imbu de l'idée française était plus explicite encore sur les sentiments

de « Monsieur de Lorraine » — qui cependant ne faisait que se défendre contre une France tendue irrésistiblement vers la réalisation de son unité nationale.

Et il fallut en arriver à faire sortir de France ce dernier Représentant de la Féodalité française pour avoir la Paix dans l'Unité.

Mais une défiance basée sur plusieurs siècles d'Histoire ne saurait s'éteindre en un jour, et ce fut ce sentiment qui anima la Constituante en 1790, quand elle forma un département de la Moselle long de 150 kilomètres entre Luxembourg et Vosges, en vue de supprimer tout contact de Nancy et de la Meurthe avec la Rhénanie.

Metz, comme je l'ai dit, se vit ainsi attribuer la région de Sarreguemines de l'ancien duché de Lorraine et la région alsacienne de Bitche.

De ce fait, déversée artificiellement vers l'Est, Metz perdit une partie de sa force.

Nancy, dans sa sensibilité et sa fierté, a souffert jusqu'en 1870 de cette méfiance, qui n'était pas totalement injustifiée.

A la veille du cataclysme national, deux archiducs de la Maison de Habsbourg-Lorraine avaient encore été acclamés dans les rues de cette ville aux cris de « Vivent nos ducs ! »

Et, au lendemain de la guerre, lorsque la

France dut enfin payer le prix fort pour liquider la politique de principes qu'elle avait voulue pendant quatre-vingts ans, Nancy se sentit malgré elle sollicitée par deux sentiments contraires de tristesse et de soulagement.

Mais, après 1870, Nancy — par la situation qui lui est faite — s'affranchit de sa vieille rancune, et dans le creuset de la douleur nationale l'âme lorraine peut enfin se fondre sans arrière-pensée dans l'âme française.

Il serait donc aussi injuste qu'impolitique de ne donner aujourd'hui à Nancy qu'un rôle de second plan sur la frontière.

Nancy doit reprendre *tout son bien*, en dominant économiquement et politiquement, comme autrefois, toute la haute vallée de la Sarre, y compris Sarreguemines, qui en est le chef-lieu, et en commandant stratégiquement la trouée de la Sarre.

Dès lors, Metz, libérée sur son flanc droit, pourra se redresser utilement vers le Nord et reprendre sa mission plusieurs fois séculaire, face à la Rhénanie.

Metz, c'est le Pays mosellan, c'est aussi le Pays entre Meuse et Moselle qu'il convient de reconstituer sans retard, parce qu'il est le *Bouclier de la France*.

Ce Pays a été, au cours des cent dernières années, le carrefour de toutes les ambitions et de tous les appétits.

Aujourd'hui encore, les habitants de cette région privilégiée perçoivent à merveille les cris intéressés qui partent de Strasbourg, de Nancy et d'ailleurs. Les uns et les autres s'ingénient à embrouiller les questions les plus simples, avec l'espoir d'en tirer quelque profit personnel.

Il semble qu'on se trouve dans une maison familiale transformée en un tripot clandestin de nuit, où une irruption inattendue, susceptible d'entraîner la confiscation des mises, a amené l'extinction des lumières. Dans l'obscurité, un rapide conflit s'est produit, où chaque joueur, pour être sûr de recouvrer son argent, a commencé par faire main-basse sur celui de son voisin.

Cependant, l'alerte est passée, et la nuit s'est enfuie : l'air et la lumière entrent à flots par les fenêtres grandes ouvertes, et voici le moment de rendre à chacun son bien.

Suum cuique !

Activité ! Activité ! disait Napoléon à Masséna.

L'intrus que nous venons d'expulser fort élégamment n'est pas loin, et la sentinelle que nous avons placée devant notre porte n'est là que pour un temps.

Si nous ne profitons de ce court répit pour
nous mettre d'accord, nous serons sans défense
devant une nouvelle agression, et nos biens
comme nos personnes seront une fois encore
une proie offerte à l'étranger.

« Avons-nous paix dedans, nous aurons paix
dehors », dit le vieil adage messin. Alors, c'est
fort simple !

Suum cuique !

CHAPITRE IV

« *METZ DÉFEND L'ÉTAT* » (1)

Monsieur le Président,

Monsieur le Maréchal,

Mesdames, Messieurs,

Membre honoraire de l'Académie Nationale de Metz, enfant de Metz et un peu du Pays-Haut, auquel me rattachent tant de souvenirs émouvants, représentant enfin de l'autorité militaire dans la région du Nord-Est, j'ai la mission d'apporter ici le tribut de mon admiration pour l'œuvre patriotique accomplie par Alfred Mézières, enfant de Metz et du Pays-Haut, ancien président de la Commission de l'Armée et membre honoraire, depuis 1876, de la Compagnie fondée par M. le maréchal de Belle-Isle, gouverneur des Trois-Évêchés.

---

(1) Discours prononcé à l'inauguration du monument d'Alfred Mézières à Longwy, le 10 octobre 1926, en présence du président Barthou et du maréchal Lyautey.

La dernière fois que je vis Alfred Mézières, ce fut dans une maison de la « ville vieille » à Nancy, il y a quelque vingt ans.

En sortant, il me prit par le bras et, me parlant d'un colonel de la garnison de Nancy que je connaissais bien, le président de la Commission de l'Armée me dit : « Il est enfin passé général; il le fallait ! » Puis, sans transition apparente, Mézières ajouta : « J'ai trouvé un homme dans le Pays-Haut, il est jeune ! » et il laissa tomber un nom : « Lebrun ! »

Comme tous ceux que l'âge presse avant d'avoir pu terminer leur œuvre, Mézières cherchait des continuateurs.

Le plus bel hommage, que nous puissions rendre aujourd'hui à sa mémoire, est de montrer que son effort ne fut pas vain, que nous y persévérons et que nous saurons l'amener à son aboutissement logique et nécessaire.

L'officier général dont il parlait était, comme lui, un enfant de Metz, né dans une propriété de famille sise au Pays-Haut, au cours d'un déplacement d'automne.

Ce général, âgé de soixante-dix ans en 1914, au moment de la déclaration de la guerre, vint à Verdun et y reprit du service actif.

« Il convenait », me disait-il, « que ma vie fût

encadrée entre les deux médailles commémoratives de 1870 et de 1914 ».

Par cette parole, ce soldat du Pays de Metz, décoré sur le champ de bataille de Borny, puis arraché à sa petite patrie par une brutale annexion, exprimait la pensée de tous les Messins contemporains d'Alfred Mézières, pensée qui tient en trois termes :

Résistance ! Délivrance ! Renaissance !

Mézières fut essentiellement l'homme du premier période.

Tandis que nos compatriotes restés aux pays annexés s'organisaient pour résister à l'effort de germanisation qu'ils devaient subir pendant quarante-cinq ans, Mézières prenait une part active à l'œuvre de notre réorganisation militaire comme membre ou président des Commissions de l'Armée des deux Chambres.

Et la fermeté de son dessein, qui procédait exactement d'un patrimoine d'idées commun à tous les hommes de ce pays, éclate aujourd'hui dans ce fait que l'éminent président de la Commission de l'Armée du Sénat est précisément celui qu'il m'avait désigné il y a plus de vingt ans comme le futur continuateur de son œuvre.

* * *

Quand, avec la guerre, qu'il n'avait pas voulue, s'ouvre l'ère de la délivrance — qui fut le rêve de toute sa vie — Mézières était dans sa propriété de Rehon.

Il connut donc, comme en 1870, les douleurs de l'invasion ; il ressentit cruellement les effets du recul général des armées françaises obligées de se dégager en vue d'échapper au danger d'enveloppement résultant de la manœuvre initiale allemande.

Il ne connut pas la victoire de la Marne, mais sur place, avec sa psychologie aiguisée, il en constata les effets et sut en tirer les conclusions nécessaires.

S'il n'a pas vu sonner l'heure de la délivrance, nous pouvons donc tenir pour certain qu'il l'a pressentie nettement.

La foi un peu mystique dans les destinées de la Patrie, qui anime invariablement les hommes d'ici et qui s'allie si bien à leur juste notion des réalités, ne lui fit pas défaut dans cette dernière épreuve ; et ce fut dans la sérénité du devoir patriotique accompli jusqu'au bout qu'il s'éteignit en pleine guerre, chargé d'ans et d'honneurs.

* * *

Et voici maintenant le dernier volet du triptyque : « *la Renaissance* » dont l'objet essentiel pour ce pays comme pour la France est la restauration de la ville que Mézières appelait « sa ville et sa patrie ».

S'il était encore parmi nous, cette restauration eut été le couronnement de son œuvre et c'est avec tout son cœur qu'il y eut consacré ses dernières forces.

Le cri de notre grand Bossuet (1) est toujours vrai :

« Puissante ville de Metz ! O belle et noble cité ! Il y a longtemps que tu as été enviée. Ta situation importante t'a toujours exposée *en proie* ; souvent tu as été réduite à la dernière extrémité de misère ; mais Dieu, de temps en temps, t'a envoyé de bons protecteurs. »

Que n'es-tu là, Mézières, pour protéger ta ville et la guider vers les voies de l'avenir illuminées des clartés du passé !

Je voudrais, en ton nom, tenter maintenant très brièvement de dégager ces clartés.

***

(1) Bossuet fut chanoine de la cathédrale de Metz pendant vingt-huit ans.

Vauban disait : « Les places fortes du royaume défendent leur province ; Metz défend l'État. »

Et par là ce grand penseur entendait que le rôle de Metz n'était pas purement stratégique.

Dans cette région aux contours indécis, où deux civilisations s'affrontent depuis tant de siècles, la France avait allumé jadis à Metz un phare, qui y brilla d'un singulier éclat pendant plus de trois cents ans. Pour une raison analogue, au cours du siècle dernier, les Prussiens voulurent créer le point fort de Sarrebruck, et, après nos malheurs de 1870, le développement de Nancy répondit pour nous au même besoin.

Aujourd'hui, la restauration de Metz, qui est en bonne voie et ne s'arrêtera plus, procède de la même loi, des mêmes nécessités.

Au reste, à la limite des langues, quand on envisage la question du point de vue français, le Pays-Haut, le Pays Messin et la Basse-Seille forment comme une flotte de haut bord, précédée sur la Basse-Sarre, de Sierck à Forbach, par une ligne de croiseurs légers et de contre-torpilleurs qui la couvrent et l'éclairent.

Toute entreprise dirigée contre Metz, vaisseau amiral, risque de conduire la flotte entière à sa perte et de faire régresser notre civilisation.

Lorsque Napoléon s'arcboutait pour un long effort, il commençait par s'équilibrer, puis il assurait ses flancs et, selon son expression même, « il prenait du cul ».

Reprenant cette expression, devant laquelle l'atticisme souriant de Mézières se fut montré indulgent, nous dirons avec lui que Metz ne peut prendre du cul vers l'Est ou vers le Sud sans se mettre en porte-à-faux. Metz doit s'équilibrer sur la direction de Paris, si elle veut être à même de remplir sa mission.

Car dans la mosaïque nationale — d'un ensemble si saisissant, si harmonieux — les pierres de la périphérie ont chacune une *mission* qui leur est propre, et la pièce capitale, au point le plus sensible, « Metz, défend l'État ! »

Peut-être, ô Mézières, ai-je mal résumé ces idées directrices que nous avions en commun pour les avoir trouvées l'un et l'autre dans notre berceau après une expérience de plusieurs siècles faite par nos devanciers.

Mon excuse aura été d'avoir pensé que ton œuvre patriotique était inséparable de sa conclusion, seule capable de lui donner toute sa valeur.

Dans cette ville de Longwy située à la couture de trois frontières, non loin de Metz qui connut tes joies et tes tristesses patriotiques, dans ce pays aux splendeurs tardives que tu as tant aimé, il convenait sans doute que ton œuvre si française fut exaltée par le gouverneur de Metz... délivrée.

L'homme d'action que je suis devait ce solennel hommage à l'homme de pensée que tu fus... magnifiquement.

CHAPITRE V

METZ - BRIEY (1)

***

Messieurs,

Si je préside cette réunion, je le dois à ce que le Grand Chancelier de la Légion d'honneur a voulu que notre Société prît comme cadre de son organisation les régions de corps d'armée.

Et si nos frères du Pays-Haut sont aujourd'hui parmi nous c'est bien parce qu'ils font partie de la 6ᵉ région.

Je ne saurais trop m'en réjouir personnellement, car j'y suis peut-être pour quelque chose.

Au lendemain de l'armistice je commandais à Besançon la 7ᵉ région (et le 7ᵉ corps que j'étais chargé de démobiliser). J'eus alors l'occasion de préconiser en haut lieu la nécessité de couper en deux le territoire de Lorraine fraîchement constitué et de le répartir sans retard entre les 6ᵉ et

---

(1) Discours prononcé à la réception de la section de la Légion d'honneur du bassin de Briey, le 21 août 1927.

20ᵉ régions : la Haute-Sarre se rattachant à
Nancy, dont elle dépend économiquement et
stratégiquement, et la Moselle moyenne avec
Metz se rattachant au contraire aux pays de
Meuse, de Woëvre et des Ardennes, en formant
avec eux un ensemble, dont toutes les parties ont
des intérêts étroitement solidaires.

Et c'est ainsi que par voie de conséquence nous
vîmes se reconstituer : d'une part la région de
la Lorraine de l'ancien Duché, qui monte la
garde aux Vosges derrière l'Alsace et qui commande la trouée de la Sarre ; d'autre part entre
Meuse et Moselle l'ancien bloc de la Lorraine
des Évêchés et du Sedanais, qui fut dans le passé
et restera dans l'avenir le pivot de la sécurité de
la France dans sa partie la plus vulnérable.

C'était, sans qu'on s'en doutât, un commencement de rénovation de notre ancienne politique
de frontière.

Le salut venait ainsi à Metz par le véhicule
des nécessités militaires, alors que Metz, par
suite d'une déformation de près d'un demi-siècle,
avait toutes ses pensées orientées dans un tout
autre sens.

Pour pouvoir proclamer de telles vérités au
lendemain de l'armistice il fallait peut-être un
homme du Pays de Metz et du Pays-Haut imbu

des leçons de plusieurs siècles d'histoire française.

Ce qui a jeté, en effet, sur cette question essentielle la confusion dans les esprits c'est que dans un but d'assimilation — limitée dans le temps par définition — la Constituante fit œuvre *définitive* en réunissant — en Meuse comme en Moselle — des populations ayant non seulement des mentalités mais encore des intérêts différents.

De ce fait il y eut deux Moselles (celle de l'Ouest et celle de l'Est) comme deux Meuses (celle du Nord et celle du Sud).

Au morcellement départemental de 1791 vinrent ultérieurement s'ajouter les effets néfastes des amputations successives dues aux traités de 1815 et de Francfort.

Les traités de 1815 décapitèrent notre système tutélaire — base de notre sécurité — en nous enlevant Luxembourg et Bouillon.

Le traité de Francfort fit pis encore d'abord en nous enlevant Metz — clef de la défense de l'État selon l'expression de Vauban — ensuite en rompant en Moselle l'équilibre voulu par la Constituante entre les populations de langue française et de dialectes et enfin en réunissant aux populations de la Meurthe celles du Pays-

Haut qui avaient une mentalité différente et des intérêts divergents.

De ce fait nous avons aujourd'hui sur notre frontière la plus vulnérable non seulement deux Meuses et deux Moselles mais encore deux Meurthe-et-Moselle et malgré le traité de Versailles la région entre Meuse et Moselle — l'ancien palladium de la France — est toujours dissociée entre trois départements.

L'émiettement funeste de cette zone essentielle complété par le désaxement vers l'Est de Metz, son ancienne capitale, crée une situation éminemment préjudiciable aux intérêts de la France et des populations en cause.

Seul le remembrement des trois départements intéressés et la reconstitution des anciennes régions naturelles des deux Lorraines permettraient de résoudre ce problème angoissant, en rendant la vie à toute une région sacrifiée par suite des causes successives que je viens d'énumérer.

Personne n'était mieux placé que vous, Messieurs du Pays-Haut, pour comprendre toutes ces questions, qui vous touchent directement. Vous savez mieux que personne, en effet, que vous êtes la pierre d'achoppement autour de laquelle roule tout le débat et que seuls peuvent trouver leur compte au maintien d'une telle situation certains organismes, certains égoïsmes, qui se sont créés des deux côtés de l'ancienne frontière bismarckienne.

Mais je connais trop votre clair bon sens et votre patriotisme pour douter un seul instant que vous puissiez hésiter — le moment venu — à faire plier quelques intérêts particuliers devant l'intérêt général et devant les nécessités nationales.

Et c'est en cela que je m'applaudis vivement de vous voir ici. Vous y êtes venus poussés par un courant d'opinion, qui gagne peu à peu tous nos pays entre Meuse et Moselle et qui demain au besoin emportera toutes les résistances, car il procède des intérêts les plus légitimes et a pour levier la tradition et la confiance.

Confiance ! Confiance ! Messieurs.

Confiance dans le génie de la France, confiance dans les destinées de Metz ! C'est sur ce cri que je voulais finir.

Mais une voix partie de haut (1) ayant mis en doute récemment la pérennité des destinées françaises de notre ville, il m'a paru nécessaire

---

(1) Allusion à un article pessimiste paru peu de temps auparavant dans le *Figaro* sous la signature de Louis Bertrand.

de profiter de l'occasion, qui m'était offerte de prendre la parole aujourd'hui, pour calmer certaines appréhensions avec toute l'autorité qui s'attache à ma parole dans ce pays, lorsque les questions de défense nationale sont en jeu.

Le problème que nous avions à résoudre sur notre frontière de Lorraine 'était — toutes proportions gardées — assez analogue à ceux que nous avons résolus constamment pendant la guerre, lorsque nous réalisions des avances successives qui nous rendaient, morceau par morceau, quelques lambeaux de notre territoire national.

Qu'eussiez-vous dit d'un général qui, satisfait de la force éprouvée de sa zone de départ, n'y eût rien changé après la victoire et eût considéré sa conquête comme une simple apophyse sans l'incorporer étroitement au système général ?

Sa conquête eût été bien précaire — aussi précaire sans doute que la durée de son commandement.

La solution du problème comportait non seulement la création d'une organisation défensive nouvelle appuyée sur une organisation d'ensemble de la zone avant mais encore un équipement nouveau de la zone arrière.

L'organisation fortifiée de surface n'est rien sans l'équipement de profondeur. On peut se passer à la rigueur de la première pendant un temps, on ne peut vivre et durer sans le second et ce dernier, à chaque avance, rencontre mille entraves du fait de la zone inorganique, qui séparait les anciens fronts.

C'est bien la situation à laquelle la France a dû faire face dans ce pays avec des moyens financiers réduits pour les causes que vous savez.

Il fallut donc faire un ordre d'urgence et on le fit.

Le travail d'équipement de profondeur se poursuit rapidement et bientôt nous verrons disparaître le goulot ferroviaire, qui existait autrefois entre les fronts français et allemand, de chaque côté de l'ancienne frontière bismarckienne.

Stratégiquement et économiquement notre pays mosellan pourra vivre enfin de la vie nationale — de toute la vie nationale.

Nous arrivons maintenant au deuxième stade, qui est la création d'un système défensif nouveau, et le Ministre de la Guerre vient d'affirmer publiquement que les travaux seraient entrepris incessamment — et avant toutes choses — à Metz et en avant de Metz.

Restera ensuite à mener à bien sur notre frontière l'œuvre de réorganisation destinée à incorporer notre pays mosellan dans le système général en tenant compte de toutes les considérations stratégiques, économiques, ethniques et historiques, que je vous ai indiquées brièvement dans la première partie de mon allocution.

Vous le voyez, Messieurs ! Comme je le disais en commençant il s'agit bien de la rénovation de notre ancienne politique de frontière, dont la méconnaissance causa tous nos malheurs au cours du siècle dernier et préparerait à nouveau notre perte, si elle venait à se perpétuer.

Pour l'achèvement de cette œuvre de salut public, tous les efforts des hommes du Pays-Haut et du Pays de Metz seront nécessaires. Mais l'élan est donné et j'ai confiance que nous aboutirons rapidement.

Pour moi je me reposerai, quand ce résultat sera atteint, et ce sera l'honneur de ma vie d'y avoir contribué quelque peu pour la plus grande gloire de ma grande et de ma petite Patrie.

DEUXIÈME PARTIE

LA SÉCURITÉ

CHAPITRE I

LA SÉCURITÉ D'APRÈS L'HISTOIRE

———

Le traité de Versailles a stipulé que les dates normalement prévues pour l'évacuation progressive de la Rhénanie pourraient être avancées après exécution des clauses du Traité par l'Allemagne.

Toutefois, par l'article 340, les Alliés se sont réservé le droit, — sur avis conforme de la Commission des Réparations, — de réoccuper tout ou partie de la Rhénanie, au cas où l'Allemagne se refuserait par la suite à tenir ses engagements.

Il en résulte que, la sécurité de la France ne pouvant raisonnablement être liée à ce flux et reflux possible de troupes alliées, il était pour le moins prudent que l'autorité militaire française envisageât de suite le problème de la sécurité, sans faire de l'occupation rhénane l'élément décisif de ce problème.

En d'autres termes, le traité de Versailles et le simple bon sens nous interdisant toute confusion entre une question purement française comme la sécurité et une question de caractère interallié comme les réparations, il s'ensuivait que la sécurité de la France ne pouvait être assurée *d'une manière définitive* que par Elle et chez Elle et non en Rhénanie par des troupes appartenant à plusieurs nations, placées là *pour un temps* et pour d'autres fins.

L'autorité militaire française pouvait regretter, dans son for intérieur, que le traité de Versailles ne lui eût pas donné pour toujours la ligne de défense du Rhin, qu'elle demandait, — encore que la conception stratégique de la sécurité française par le Rhin et sur le Rhin soit des plus contestables avec une armée nationale réduite à mobilisation lente.

Une fois le traité signé et paraphé, il ne s'agissait plus de discuter et moins encore de vouloir substituer un état de fait à un état de droit.

Il convenait de se placer simplement en face du problème en vue de le résoudre au mieux des intérêts de la Nation, — compte tenu des enseignements de l'Histoire et de nos possibilités actuelles.

La présente étude — établie sous forme de

conférence en septembre 1929 — n'a pas d'autre objet que d'éclairer l'opinion publique sur ce grave sujet en lui donnant des éléments d'appréciation, qui lui faisaient auparavant défaut.

MESDAMES, MESSIEURS,

Le problème de la sécurité a hanté à juste titre tous les bons esprits de France depuis l'armistice.

Je voudrais le traiter aujourd'hui devant vous en prenant comme base de mon argumentation la philosophie de notre histoire.

Car, si paradoxal que cela puisse paraître, je ne crois pas exagéré de dire que les tâtonnements apportés par nous à trouver la solution de ce grave problème furent en grande partie la conséquence des déformations de notre histoire diplomatique et militaire depuis 1760 jusqu'en 1830 — déformations dues presque toujours à la passion politique.

Et d'abord pourquoi ces deux dates ?

Parce que, par le traité de Paris, la France perdit en 1763 la majeure partie de ses possessions d'outre-mer et devint une puissance presque exclusivement continentale, tandis qu'en 183o, par la conquête d'Alger, la France posa la première pierre de son magnifique empire africain et renoua le fil de ses destinées coloniales.

Parce que, également, au cours de cette période de soixante-dix ans, l'Épopée napoléonienne, qui procède directement de l'esprit continental, nous fit perdre la juste notion de la sécurité et de l'équilibre nécessaires à une France à cheval sur plusieurs continents.

C'est cette pensée que j'ai exprimée dans mon discours de Douaumont en septembre 1925 (1), lorsque j'ai dit que dans le problème de la sécurité une France coloniale ne pouvait raisonner comme une France continentale.

Si donc nous voulons aujourd'hui nous inspirer des leçons de l'Histoire dans la recherche de la solution de ce problème, c'est à la période de Louis XIV qu'il conviendra de nous reporter tout d'abord pour en saisir les grandes lignes, parce qu'à ce moment la France tendait vers sa structure définitive.

Puis ce sera dans la période de la Restauration que nous trouverons les indications les plus

____

(1) Voir page 2.

précieuses, parce qu'en 1815 et en 1918 les situations et une partie des problèmes à résoudre sont absolument similaires : restauration économique et financière d'une France épuisée en hommes et en argent mais également pleine de prestige, et par conséquent également jalousée, — sécurité à créer de toutes pièces sur une frontière nouvelle, d'ailleurs identique dans les deux cas, et parfaitement déplorable, quand on l'envisage du seul point de vue militaire, — réorganisation d'une armée réduite et cependant susceptible de faire face à tous les besoins de notre politique, — volonté égale enfin de renouer en 1815 ou de sauvegarder en 1918 les destinées de la France d'outre-mer, après avoir assuré notre liberté d'action, c'est-à-dire notre sécurité sur le Continent.

Je voudrais tout d'abord tenter une esquisse rapide de cet exposé historique, qui me paraît dominer toute la question. J'en tirerai ensuite, devant vous, les conclusions nécessaires en ce qui concerne la situation actuelle.

Le Traité de Paris de 1763.

Que l'Angleterre et la France, parvenues les premières à leur unité nationale, se soient heurtées à un moment donné dans la constitu-

tion de leur domaine colonial, c'était inévitable ;
que le cardinal Fleury ait méconnu dans de
telles conditions l'importance de notre Marine
de guerre, c'est certain ; que dans cette lutte
l'Angleterre ait profité de sa position insulaire
pour mettre sans cesse la France en péril sur le
continent sans se mettre elle-même en danger
de mort, c'était à prévoir ; et que toutes ces
causes aient amené en 1763 l'effondrement du
domaine colonial de la France, on ne saurait le
nier.

Mais si l'on ne voit que cela dans le traité de
1763, on ne voit pas tout, et quand un homme
comme Choiseul marque quelque satisfaction
d'avoir procédé en temps utile à la liquidation
nécessaire d'une situation, qu'il n'avait pas
voulue, il faut bien admettre l'existence chez ce
grand Français d'intentions qu'il ne dit pas.

De toute évidence l'homme du renversement
des alliances, l'homme de notre restauration
militaire et maritime après 1763 fut celui qui
voulut le rééquilibre colonial de la France et
sut le préparer.

Le génie politique de Louis XIV avait eu la
claire vision des destinées de la France sur terre
et sur mer.

Par la barrière militaire de Vauban il avait

assigné de justes limites à la constitution de notre unité nationale et il avait impérieusement marqué à son successeur le devoir de la réaliser dans le plus bref délai en rejetant le duc de Lorraine hors de cette barrière militaire, dans laquelle il l'avait inclus.

Par les traités de Westphalie il avait en outre fixé le statut rhénan en avant de cette frontière fortifiée ; puis il avait complété le système par la suppression des Pyrénées et par des alliances de revers contre la Maison d'Autriche.

Les conditions de notre sécurité étant ainsi arrêtées de façon immuable, puis garanties par la forte armée de métier organisée par Louvois, Louis XIV avait jugé que la France pouvait se retourner sans danger vers les horizons illimités qu'ouvre la mer ; et ce fut l'œuvre de Colbert.

Après la mort du grand Roi, la France ainsi orientée creuse le sillon, et tandis que le pouvoir royal s'applique sans désemparer à parfaire notre unité nationale, l'initiative des grandes compagnies se donne libre cours dans la conquête des débouchés d'outre-mer.

Mais il y eut de l'avance dans la constitution du domaine colonial, où le champ était libre, et du retard dans l'achèvement de l'unité nationale, où notre diplomatie rencontrait mille entraves.

Ce déséquilibre momentané, mais accentué

par la décadence de notre Marine de guerre, —
qui seule cependant eut pu faire la soudure, —
fut mis à profit au delà des mers par la puissance coloniale concurrente, tandis que le roi de
Prusse — jouant son propre jeu — travaillait indirectement, sans le vouloir, pour cette même
puissance en nous retenant sur le continent.

L'affaire était mal engagée ; il fallait la liquider
sans compromettre sur terre une unité nationale
et une sécurité très chèrement achetées ; il fallait
pouvoir restaurer la puissance militaire et surtout maritime de la France, ce qui ne pouvait se
faire que dans la paix ; il convenait enfin d'établir
sur des bases logiques notre future action sur
mer et aux colonies, au lieu de s'en remettre sur
ce point aux initiatives particulières et aux improvisations.

Et pour commencer il fallait que la France
fût prête au moment où éclaterait la Révolution
d'Amérique, qui s'annonçait prochaine.

Tel fut l'objet du traité de 1763.

Après le traité de 1763.

La sécurité de la France et sa liberté d'action
sur mer, pas plus que son unité nationale fraîche-

ment constituée par le départ de la maison de Lorraine pour Vienne, ne sont donc mises en cause par le Traité de Paris. Le statut rhénan reste le même, et c'est ce que Choiseul appelle à juste titre « sauver la Maison ».

Cette situation métropolitaine éminemment favorable va permettre à la France repliée un instant sur elle-même de procéder au rééquilibre désirable.

Dans mon discours à l'Américan Légion (1), — lors de sa visite à Metz le 1ᵉʳ octobre 1927, — j'ai donné les grandes lignes de la restauration militaire et maritime, dont la France est redevable à Choiseul après 1763.

Sans cette restauration — *dans la sécurité* — la guerre de l'Indépendance n'eut pu être menée à sa fin victorieuse et l'amiral de Grasse pas plus que le bailli de Suffren n'eussent existé faute de moyens d'action.

En ce qui concerne la conception de notre future action maritime et coloniale, Choiseul la fait procéder d'une part de l'union intime des Bourbons de France, d'Espagne et de Naples, — nous dirions aujourd'hui de *l'union latine,* — et

---

(1) Voir page 128.

d'autre part de ce principe, dont l'expérience semble nous faire désormais une nécessité nationale :

« Sur mer la France *peut* avoir en temps de paix des comptoirs lointains et des lignes commerciales longues, elle *doit* avoir en temps de guerre des bases solides et des lignes militaires courtes. »

Dès lors, puisqu'il fallait sacrifier quelque chose, Choiseul préfère abandonner les possessions, dont la Marine française ne pourra en temps de guerre contrôler facilement les communications avec la Mère Patrie.

Par contre, il garde les points d'appui nécessaires à l'entrée et au fond de l'Océan Indien et il réserve jalousement le théâtre d'opérations des Antilles, où les îles françaises et espagnoles se conjuguent fort heureusement pour donner les points d'appui nécessaires d'un côté à notre Louisiane dans l'Amérique du Nord et de l'autre à l'Empire espagnol de l'Amérique du Sud.

Et dans le même temps il ouvre le théâtre d'opérations de la Méditerranée par l'acquisition de la Corse, qu'il achète à la République de Gênes, et par les opérations des Baléares, qui sont finalement attribuées à l'Espagne notre alliée, parce que sur ce théâtre d'opérations la France protectrice de l'Islam dans le bassin oriental et alliée de l'Espagne dans le bassin occidental trouvera tous les points d'appui, qui lui seront indispensables en cas de conflit avec une puissance maritime.

Le problème désormais est bien posé.

Pendant la guerre de l'Indépendance ce sont en effet nos Antilles qui servent de base à notre action maritime : elles permettent à l'amiral de Grasse de transporter, le moment venu, l'action décisive à Yorktown, dans les eaux mêmes des Etats-Unis d'Amérique.

Pendant cette guerre également nous voyons nos lignes de communications avec le théâtre d'opérations des Antilles se déplacer peu à peu, à la demande des événements, de Brest jusqu'à Cadix en s'éloignant de l'Angleterre, — à l'inverse de ce qui avait pu se faire entre le Canada et la France durant la tragédie où Montcalm s'immortalisa.

Dans le champ clos enfin de l'Océan Indien compris entre l'île de France et l'île Bourbon d'une part et les points d'appui des Indes d'autre part le bailli de Suffren tient la mer pendant trois ans en couvrant nos couleurs d'une gloire impérissable.

Ces simples constatations illustrent sans conteste la justesse des vues de Choiseul et la nécessité pour nous de ne rien entreprendre au loin, si

« la Maison » n'est pas close et bien gardée. Il est nécessaire de bien comprendre cette action de balancier.

Au cours de cette période glorieuse pour notre Marine reconstituée le théâtre d'opérations de la Méditerranée reste par contre en sommeil.

Mais il se réveillera bientôt pendant la Révolution, période durant laquelle notre politique extérieure devenue *idéaliste* en théorie reste *réaliste* en pratique jusqu'au Directoire sous l'action des hommes de la diplomatie parallèle du secret du Roi, qui l'inspirent.

C'est ainsi que l'héritage diplomatique de la Monarchie amène la France de la Révolution d'abord en Rhénanie, qui peut être sans transition transformée immédiatement en départements français, puis dans le bassin méditerranéen à Malte, en Egypte et en Syrie. Ces actions extérieures ne sont en somme que l'exploitation de nos anciennes zones d'influence et de la formule d'équilibre dans laquelle tendent à nous enfermer nos possibilités militaires et maritimes du moment : « Le Rhin et la Méditerranée ». Toujours le même balancement !

Malheureusement avec le Directoire la politique de la France devient *impérialiste;* et Napoléon ne fera que l'amplifier en perdant toute mesure.

En outre par la défaite de Trafalgar et la vente de la Louisiane aux Etats-Unis d'Amérique la France devient exclusivement continentale ; et dès lors, — ainsi que le fit l'Allemagne au cours de la Grande Guerre, — elle prétend résoudre, en présence d'une coalition formidable, tous les problèmes extérieurs — continentaux ou autres — par l'invincibilité de ses armées.

Nous connaissons dans les deux cas le résultat de cette étrange conception.

Certes la philosophie de l'histoire de la Grande Guerre et celle de l'épopée napoléonienne eussent pu nous servir utilement de guide dans la réorganisation en cours de l'Armée française.

Mais, dans une étude relative à la sécurité, des considérations tirées des événements de ces deux périodes également glorieuses seraient sans objet, car la France de Napoléon n'avait ni la même structure ni le même équilibre que la France d'aujourd'hui et celle-ci libérée, pendant le dernier conflit mondial, de tous soucis sur mer et aux colonies grâce à l'alliance anglaise a pu, sans arrière-pensée, donner tout son effort sur le continent.

Dès lors, l'esprit continental, qui animait les

acteurs de ces deux grandes époques, ne peut que troubler notre entendement dans la recherche des solutions adéquates à une France placée en présence d'autres nécessités.

Les traités de 1815.

Lors de la discussion du traité de 1814 Talleyrand, par ordre de Louis XVIII, avait défendu la thèse que l'Europe coalisée avait lutté contre Napoléon et non contre la France ; et les alliés victorieux acceptant ce point de vue avaient rendu à la France la frontière tutélaire, qu'elle avait avant les guerres de la Révolution et de l'Empire. C'était la logique même.

Après le retour de l'île d'Elbe, cette thèse étant devenue indéfendable, Talleyrand doit se borner à limiter le désastre en réservant l'avenir.

Et c'est ici que nous allons apercevoir la fragilité des conceptions diplomatiques à échéance plus ou moins lointaine.

L'Europe, à ce moment, veut prendre ses garanties contre la France et décide de lui faire perdre sa sécurité en lui enlevant les parties essentielles de sa frontière raisonnée par Louis XIV puis organisée par Vauban, et en introduisant les Prussiens et les Bavarois en Rhénanie.

Tous les historiens ont bien voulu admettre que Talleyrand ait été impuissant à empêcher la dissociation de la frontière tutélaire de l'ancienne France, qu'exigeaient avec quelque hauteur les généraux alliés victorieux, mais on a dit et répété qu'il eût pu du moins sauvegarder la garantie que donnait à la France l'ancien statut rhénan, s'il avait donné son consentement à l'annexion de la Saxe à la Prusse.

Son désir de sauver le roi de Saxe est certain, mais cette considération ne pouvait suffire à déterminer un homme comme Talleyrand dans une affaire de cette importance.

Il paraît plus logique de penser qu'il a cru à la possibilité de faire sortir rapidement les Prussiens et les Bavarois de Rhénanie et qu'il a préféré l'inconvénient provisoire de l'occupation rhénane à l'inconvénient définitif de l'annexion de la Saxe à la Prusse.

Talleyrand connaît son métier. Il a étudié le testament politique de Louis XIV, qui nous avertissait que la Maison d'Autriche avait été suffisamment abaissée et que pour la France le danger se déplaçait vers l'Allemagne du Nord. Il ne veut donc pas prêter les mains à la constitution dans cette Allemagne du Nord d'une puissance que la Confédération germanique de l'Allemagne du Sud ne pourrait plus contrebalancer. Pour lui enfin le morcellement des Allemagnes est un élément de notre sécurité aussi important que le statut rhénan.

D'ailleurs il a déjà fixé les grandes lignes de la restauration de notre politique extérieure d'accord avec Louis XVIII — ce roi de France, dont nous avons connu de nos jours une réplique assez exacte dans Edouard VII d'Angleterre, parce qu'ils s'étaient formés l'un et l'autre pendant plus de vingt ans au contact des choses extérieures avant de monter sur le trône.

Après les traités de 1815.

Pour bien comprendre la politique extérieure de la Restauration après les traités néfastes de 1815 il faut d'une part nous placer dans la mentalité de l'Allemagne après le traité de Versailles de 1919 et d'autre part ne pas oublier de quel poids pèsent encore aujourd'hui sur nous nos difficultés financières.

L'Allemagne battue en 1918 croit à l'invincibilité de ses armées comme la France grisée par l'épopée napoléonienne y croyait en 1815.

Nous pouvons regretter pour la sécurité de la France que Guillaume II ne soit pas rentré à Berlin avec la possibilité de reprendre la guerre peu de temps après la signature du traité de

Versailles, — ainsi que Napoléon le fit dès son retour de l'île d'Elbe ; — car cette fois il faut croire que nos Alliés ne nous eussent plus contesté la reconstitution des éléments essentiels de notre sécurité.

Quoi qu'il en soit, si l'Allemagne de 1919 comme la France de 1815 n'acceptent pas la défaite et considèrent qu'il y a maldonne sur le terrain militaire, par contre les Gouvernements des deux pays acceptent les traités et cherchent à en atténuer les effets désastreux.

Et c'est ainsi que nous voyons de nos jours l'Allemagne rentrer dans le concert des grandes Puissances, dont elle avait été précédemment exclue, de même que nous avons vu la France isolée en 1815 rentrer dans le concert européen, puis la quadruple alliance se transformer en quintuple alliance — quelque chose comme les États-Unis d'Europe sur le terrain politique. Et nous savons qu'au premier choc tout ce bel édifice s'est effondré.

N'avons-nous pas vu également, au cours de ces dernières années, le Reich rechercher inlassablement des appuis extérieurs en vue d'obtenir à sa porte l'évacuation de la Rhénanie et outre-mer une nouvelle répartition des territoires à mandat, tandis qu'à l'intérieur elle travaillait à refaire sa situation économique ?

Le gouvernement de la Restauration n'avait pas procédé autrement.

Les hommes de tradition, qui le composent, songent d'abord à fermer la frontière inacceptable, qui vient d'être imposée à la France ; et le Général Hirschauer, sénateur de la Moselle, avec sa haute compétence nous a dernièrement relaté quels furent sur ce point important les travaux de la Commission instituée par le Maréchal de Gouvion-Saint-Cyr et présidée par le Général de Maureillan.

Mais, au moment de passer à l'exécution, l'homme d'État, qui avait assumé la lourde tâche de la restauration de nos finances compromises par vingt années de guerre, réclama un répit.

Il est curieux en passant de signaler que cet homme, — le baron Louis, — était un enfant des Trois-Évêchés, tout comme celui qui présidait dans le même temps à notre réorganisation militaire, le Maréchal de Gouvion-Saint-Cyr. L'un et l'autre étaient originaires de la même ville (Toul) et liés d'amitié : ces deux hommes ne pouvaient pas ne pas s'entendre dans une question d'intérêt national.

Dès lors, puisque la situation financière de la France l'exigeait, le gouvernement de la Restauration décida de régler la question rhénane, qui est un élément de la sécurité, avant celle de l'organisation de la frontière, qui en est un autre.

Et nous allons voir la politique extérieure de la Restauration travailler utilement sur les deux tableaux que la France connaît bien : « Le Rhin et la Méditerranée. » La France reprend en main son balancier tutélaire, qu'elle avait rejeté dans un moment de griserie bien compréhensible. Malheureusement sa porte reste ouverte et le temps manquera aux hommes de la Restauration pour la fermer.

Louis XVIII et son premier ministre, le duc de Richelieu, forts des amitiés qu'ils ont liées en Russie pendant leur exil, trouvent dans l'Empereur Alexandre l'appui de revers qui nous est nécessaire ; et le jeu se lie de plus en plus étroitement entre Paris et Pétersbourg en vue d'imposer à la Prusse l'évacuation de la Rhénanie.

Le successeur de Louis XVIII et celui du tsar Alexandre continuent la même politique en lui donnant tout son développement ; et au moment où éclate la Révolution de 1830 cette action combinée est sur le point d'aboutir.

Pendant ce temps, la Marine est reconstituée par le baron Portal et notre politique extérieure se tourne à nouveau vers la Méditerranée.

C'est Navarin et l'expédition de Morée, c'est l'Égypte de Méhémet-Ali, c'est enfin et surtout l'expédition d'Alger.

Il est fort heureux pour la France que malgré les représentations impératives de l'Angleterre cette expédition ait eu le temps de s'organiser, de partir et de se développer victorieusement avant la Révolution de 1830, car on peut tenir pour certain que l'homme de l'affaire Pritchard eut cédé devant une opposition aussi formelle et ne fut pas allé à Alger.

Il sut du moins y rester et exploiter sous le coup de fouet incessant des attaques arabes le précieux héritage, que lui légua la Restauration.

Par contre, la Monarchie de juillet privée de l'appui de l'empereur de Russie, qui refuse de reconnaître le roi Louis-Philippe, doit renoncer à l'action diplomatique, qui était sur le point d'aboutir en Rhénanie.

Mais, dès lors que la France économiquement restaurée renonçait à faire sortir les Prussiens et les Bavarois de Rhénanie, au moment même où elle s'engageait dans l'Afrique du Nord, la logique ne lui commandait-elle pas de reprendre sans tarder les projets du général de Maureillan et de se garantir enfin contre une nouvelle invasion par l'organisation d'une frontière mili-

tairement détestable et définitivement décou-
verte ?

Hélas ! la loi du moindre effort fut la plus
forte.

On se berça de l'espoir que la constitution
d'un royaume neutre de Belgique sur notre frontière du Nord et le morcellement des Allemagnes complété par l'opposition des Habsbourg et
des Hohenzollern seraient pour la France une
garantie suffisante.

Ce fut une lourde faute : on ne fait pas reposer
la sécurité d'un pays comme la France et sa liberté d'action au delà des mers sur de simples
constructions diplomatiques.

Aussi lorsque la situation s'aggravera sous le
second Empire par la politique des nationalités,
Thiers pourra-t-il avec raison faire entendre le
3 mai 1866, du haut de la tribune de la Chambre,
cet avertissement prophétique :

« Allez dans les moindres bourgades, et voyez
si cette politique, qui après l'unité italienne ten-
drait à refaire l'ancien Empire germanique,
serait populaire en France. Quand on a lutté
pendant deux siècles, depuis Marignan jusqu'à
Almanza, pour détruire ce colosse, on ne se
prête pas à le voir se réédifier sous nos
yeux. »

Et Thiers ajoutait qu'il voyait la « grandeur

de la France indignement compromise » dans un avenir prochain.

Ce fut 1870 !

Après le traité de Francfort.

Trois départements français devaient porter le poids des fautes politiques accumulées par la France depuis le Directoire, et toute la gloire militaire amassée durant cette période ne changera rien à cette triste réalité.

J'ai dit, dans mon discours du Saint-Quentin, qu'avec la Troisième République la France était revenue enfin à la raison, et rien n'est plus exact.

Nous revoyons, en effet, après le traité de Francfort les hommes de tradition de l'Assemblée Nationale faire appel de nouveau aux vieux moyens, qui ont assuré la sécurité et l'équilibre de la France jusqu'à la Révolution.

L'Armée est reconstituée dès 1872 sur des bases solides et logiques, la Marine française reste la deuxième du Monde, la frontière nouvelle qui vient de nous être imposée est organisée par Séré de Rivière, et en 1875 — quand se produit la première menace de guerre — les travaux sont déjà fort avancés.

Notre liberté d'action se trouvant ainsi assurée,

selon la pure doctrine Louis quatorzième, la France peut à nouveau regarder vers la mer; et, si elle abandonne tout d'abord l'Égypte de Bonaparte et de Méhémet-Ali, elle sait du moins aller au Tonkin puis à Madagascar; elle sait surtout mettre le point final au grand œuvre de la constitution de notre Empire africain, lequel n'est en somme que le prolongement de la Métropole et une seconde France.

Enfin, la France recherche l'allié de revers, qui lui est indispensable derrière l'Allemagne, et le trouve dans la Russie par la seule vertu de sa restauration militaire.

Nous voici parvenus en octobre 1896; et c'est la revue du camp de Châlons passée par l'empereur Nicolas II, laquelle est encore présente à toutes les mémoires.

Mais, chose étrange, cette manifestation de puissance, dont la France était en droit de tirer un légitime orgueil, provoque chez nous dans certains milieux politiques un émoi injustifié, en même temps qu'elle est un objet d'inquiétudes bien compréhensibles pour certaines nations étrangères.

Pendant la période qui suivit, on eut dit vraiment que la Troisième République cherchait à démolir l'instrument magnifique qu'elle avait forgé, de peur d'avoir à s'en servir.

J'ai dit ce que j'en pouvais dire en décembre 1925 dans ma réponse adressée au président des Médaillés militaires de Metz, qui dans son discours avait fait des allusions, que je jugeais dangereuses pour notre sécurité, aux nouveautés de Locarno et à ses souvenirs personnels du début de la guerre (1). Je n'insisterai pas.

Après le traité de Versailles.

Nous avons vu que les problèmes à résoudre par la France de 1918 et par celle de 1815 étaient en bien des points similaires.

Cependant, quand on la compare à la situation de la France victorieuse de 1918, celle de la France de 1815 apparaît comme assez peu enviable, car elle était vaincue, isolée en Europe et fort agitée à l'intérieur du fait des situations acquises depuis vingt ans. Elle ne disposait d'ailleurs pour sa restauration économique d'aucun Empire colonial.

Mais la situation de la France victorieuse et coloniale de 1918 était également fort complexe par suite d'une part de la destruction de dix départements français envahis pendant quatre ans de guerre et du fait d'autre part du travail

---

(1) Voir page 119.

de germanisation poursuivi dans trois autres
départements pendant quarante-sept ans, — y
compris la déformation des esprits due aux
bénéfices matériels, qui sont la conséquence
inévitable des œuvres de paix.

Aussi, de même qu'en 1815, la France dut
faire, après le traité de Versailles, un ordre
d'urgence.

Elle ajourna pour un temps l'organisation de
cette frontière néfaste, qui lui fut imposée après
Waterloo et dont elle dut se contenter en 1918.
Elle laissa sommeiller le problème rhénan, pour
la solution duquel elle éprouvait de graves résistances intérieures et extérieures. Et, toutes
affaires cessantes, elle se donna avec raison au
problème financier et à celui de la restauration
des régions libérées, qu'elle dut mener à bien
malgré la mauvaise volonté apportée par l'Allemagne dans le règlement de la question des
réparations.

Étant donnée l'acuité que devait prendre
rapidement la question financière dans la liquidation de la guerre, il était apparu, dès le
lendemain de l'Armistice, qu'il serait sage de
rechercher, en partie tout au moins, la solution
du grave problème de la sécurité dans le traité de

paix, alors que la France avait encore en main la force et disposait du prestige de la victoire. C'était parfaitement logique.

Cet ordre d'urgence renversé, que pouvait adopter la France *victorieuse* de 1918 à l'inverse de la France *vaincue* de 1815, devait en effet alléger singulièrement notre tâche d'après guerre.

Malheureusement les négociateurs du traité ignoraient les données historiques de notre ancienne politique de frontière et du problème de la sécurité.

Ils crurent de bonne foi que ce problème avant tout politique — par le rôle que devait y jouer la Rhénanie — était au contraire un problème spécifiquement militaire et ils invitèrent les militaires à en fixer les conditions essentielles.

Mais comme les grands Chefs de la guerre étaient — par leurs études et par déformation professionnelle — animés du plus pur esprit continental, ils ne virent dans cette question que la sécurité militaire proprement dite à assurer sur un front donné et non les conditions de sécurité nationale, c'est-à-dire d'équilibre général et de liberté d'action — en tous temps et en tous lieux — que comportait ce problème.

Alors, après s'être installés à demeure sur le Rhin, c'est-à-dire dans la position nécessaire d'armistice en vue du traité à imposer, ils affirmèrent que, tant que la France y resterait, sa sécurité serait parfaitement assurée, sous prétexte que les Allemands ne feraient jamais la guerre chez eux.

L'opinion publique en conclut que non seulement l'occupation rhénane nous donnait un gage précieux en vue de l'exécution du traité de paix, ce qui était exact, mais encore que notre sécurité était réellement assurée par l'armée du Rhin, ce qui était faux.

Et la France jugea le moment venu de désarmer.

Les événements devaient se charger de nous ramener rapidement à une plus saine notion de nos possibilités militaires.

En 1925, la situation en Syrie et surtout au Maroc devint subitement très grave et il fallut bien la régler sans délai.

Mais comment entretenir, avec une armée volontairement réduite, trois foyers d'activité militaire importants : un sur le Rhin, un au Maroc et un en Syrie ? Ce fut fort simple.

De même que pendant la guerre, la France, — grâce à la puissance maritime anglaise, — avait pu ignorer le problème colonial pour se donner tout entière au problème continental, de même elle prétendit après guerre résoudre le problème colonial en ignorant celui de la sécurité — grâce à la présence de l'Angleterre et de la Belgique à nos côtés sur le Rhin.

Et, sans hésiter, le Gouvernement vida la Métropole d'une partie de ses éléments disponibles au profit des T. O. E.

Il eut d'ailleurs parfaitement raison, puisque la situation diplomatique le permettait, puisque la situation coloniale l'exigeait.

Mais qui n'aperçoit le danger de semblables pratiques vis-à-vis de nos alliés et de telles improvisations pour la France elle-même ?

Dans le temps où l'armée allemande se réorganisait rapidement, l'armée métropolitaine française, — et en particulier les corps de couverture particulièrement frappés par ces prélèvements d'effectifs, — étaient en partie mis dans l'impossibilité de remplir leur rôle essentiel du temps de paix, qui est d'instruire les réserves et d'en assurer la mobilisation ainsi que l'encadrement en cas de guerre.

Il était manifeste qu'à ce moment la France n'avait plus l'armée de sa politique ou la politique de son armée.

On peut dire vraiment que la sécurité de la France n'a reposé pendant un temps que sur la désorganisation allemande et sur la présence des drapeaux alliés sur le Rhin. Car, de la défense de la barrière du Rhin par l'armée du Rhin il est préférable de ne point trop parler.

Et, en effet, s'est-on jamais fait une idée très exacte en France des possibilités militaires d'une armée de 60.000 hommes, qui avait reçu à l'origine la mission de défendre la frontière militaire du Rhin, sur un front de 300 kilomètres et avec des communications vers l'arrière assez précaires, qu'elle serait initialement obligée de garder ?

Il n'est pas besoin d'être du métier pour comprendre que cette armée serait très rapidement amenée à abandonner l'espoir de défendre un front qui, excédant manifestement ses moyens, pouvait être par surcroît gravement menacé de flanc : à gauche, d'une part, après l'évacuation de la zone de Cologne, à droite, d'autre part, dès que la réorganisation de l'armée allemande lui permettrait de débuter par une offensive brusquée de grand style partant de la région Worms-Mannheim et se développant en direction de Sarrebruck, suivant l'axe d'invasion historique que barraient autrefois nos lignes de Kaiserslautern : Sarrebruck, nœud des communications de l'armée du Rhin ; Sarrebruck, d'où l'on menace directement notre bassin industriel et minier de la Sarre et de la Lorraine.

La preuve est faite aujourd'hui ! Si l'armée du Rhin, le cas échéant, peut, par la manœuvre, assurer sa propre sécurité, elle ne peut — en présence d'un ennemi reconstitué — prétendre, sous aucun prétexte, à assurer la sécurité de la France, même restreinte à sa frontière vulnérable.

Et, d'autre part, la poursuite d'un but stratégique désirable mais excessif fait sortir de la Métropole les effectifs qui sont nécessaires à notre armée réduite pour lui permettre de faire face à toutes les tâches qui lui incombent.

Voilà la vérité !

En résumé, après nous être laissés leurrer par un pacte de garantie qui ne fut pas homologué, et parce que l'opinion publique indignement trompée croyait que notre sécurité pouvait être réellement assurée par l'armée du Rhin sur le Rhin, la France jugea opportun et logique de conserver le gage rhénan.

Puis, parce qu'on reconnaissait à ce gage une valeur militaire décisive en matière de sécurité, on s'est interdit par le fait même de le monnayer diplomatiquement en vue d'obtenir, par exemple, une rectification de frontière cependant désirable.

Jusque-là tout s'enchaîne politiquement sur des prémisses stratégiques pour le moins exagérées.

Mais voilà que par un manque de logique — cette fois inexplicable — la notion de sécurité ayant été mise ainsi par nous au premier plan, rien n'est fait pour fermer notre frontière de Waterloo avant l'évacuation prévue de la Rhénanie.

N'était-ce pas dire que nous espérions bien y rester et par conséquent risquer de dresser nos meilleurs amis contre nous ?

Et ce fut ainsi que, par suite d'une erreur initiale, la partie mal engagée *militairement* n'a pu se résoudre *diplomatiquement* au bénéfice de nos besoins permanents de frontière.

En d'autres termes, pour avoir opposé *sans le savoir* une politique extérieure basée sur une conception militaire excessive à notre ancienne politique réaliste de frontière, que nous avions perdue de vue, nous avons, *sans le vouloir*, sacrifié le *durable* à l'*éphémère*, à l'inverse de ce que fit toujours notre politique traditionnelle.

Je voudrais terminer maintenant par l'exposé rapide de ce qui aurait pu être fait en 1918 en vue d'assurer le *durable*, c'est-à-dire la sécurité de la France avec une frontière acceptable, et de ce qui nous reste à faire aujourd'hui dans la même pensée avec une frontière détestable.

J'en ai assez dit, je crois, pour faire comprendre qu'au moment de l'armistice de 1918 la plus élémentaire prudence nous eut commandé de dire à nos fidèles amis de Grande-Bretagne :

« Pour des raisons de sécurité vous exigez que dans les conditions d'armistice figure la reddition d'une flotte intacte, ce qui est un fait sans précédent dans l'Histoire.

« Pour des raisons de sécurité également et sans préjuger en rien du sort futur de la Rhénanie, que nous ne voulons nullement annexer, — parce que 40 millions de Français ne sauraient prétendre à assimiler 7 à 8 millions d'Allemands, — nous exigeons que les administrations prussienne et bavaroise sortent d'un pays qui n'est pas le leur et repassent le Rhin en même temps que les troupes allemandes. »

Ce point important acquis, en vue de fixer les conditions définitives de notre sécurité dans la discussion du Traité de paix, il eut fallu un homme à esprit universel comme Choiseul, et non des hommes à esprit continental et insuffisamment avertis des principes fondamentaux de notre ancienne politique de frontière.

Choiseul, auquel personne ne peut refuser une certaine faculté d'enjambement, eut compris de suite qu'en raison du nombre et de l'importance des problèmes que léguait une guerre sans précédent, il convenait de jeter du lest pour *sauver la Maison* et se *remettre en garde*.

Et il n'est pas interdit de penser qu'en prenant toutes les garanties nécessaires au sujet de la neutralisation militaire de la Rhénanie, le seul fait de donner à nos alliés les apaisements *immédiats* qu'ils désiraient en ce qui concerne notre politique rhénane, nous eut permis d'obtenir entre le Luxembourg et le Rhin une frontière acceptable, c'est-à-dire la frontière de 1814, tout en garantissant aux Rhénans, — délivrés de leurs administrations étrangères — le droit de régler enfin leur propre sort.

Le général Mangin, qui était de souche messine et de formation universelle par ses connaissances étendues et par l'existence qu'il avait menée, était parfaitement préparé à comprendre la question rhénane. Mais on ne l'écouta pas et le statut rhénan de 1815 ne fut pas modifié.

Aujourd'hui l'évacuation de la Rhénanie semble décidée et bien près d'être réalisée, parce que dans cette question nous avions le monde entier contre nous, parce qu'une personne morale comme la France ne peut faire de la diplomatie au milieu de la méfiance générale, parce qu'enfin, en présence du danger grandissant de la réorganisation allemande, nous ne pouvons persister à offrir en proie des effectifs importants qui — avec notre armée nationale réduite — nous sont indispensables pour d'autres fins.

Par ignorance de la question et manque de mesure dans la victoire, l'aventure rhénane va se terminer sans grand profit pour notre sécurité.

Dieu veuille, du moins, que l'on ne confonde pas Sarre et Rhénanie ! La question de Rhénanie rentre dans le cadre de notre politique extérieure et celle de la Sarre se rattache directement à notre politique de frontière : ce sont choses différentes.

Le moment ne paraît pas venu de faire litière des intérêts de toutes les populations agricoles de la Moselle ni de couper en deux notre industrie métallurgique lorraine : d'un côté celle qui ne possède pas de mines de charbon et de l'autre celle dont les besoins en charbon sont assurés. Notre travail des huit dernières années en Moselle risquerait fort d'être perdu au moment où la France peut en recueillir les fruits.

Et maintenant, que reste-t-il à faire pour nous assurer une sécurité acceptable ?

Je me garderai bien, — à propos des alliés de revers que nous avons et qui sont dans notre tradition, — de parler d'instruments diplomatiques ou de conventions militaires, dont j'ignore la teneur.

Mais, restant sur mon terrain, je dirai que pour défendre efficacement notre frontière vulnérable et assurer notre liberté d'action sur mer et aux colonies, les moyens militaires à employer en vue de notre *mise en garde* sur terre se résument désormais dans les trois propositions suivantes :

1º A défaut de la neutralisation politique de la Rhénanie, exiger le maintien intégral de sa neutralisation militaire ;

2º Fortifier dans le plus bref délai notre mauvaise frontière en abandonnant le moins de terrain possible et en garantissant les points vitaux ;

3º Derrière cette barrière fortifiée, à occuper dès la première heure, constituer une Aviation de riposte et avoir une Armée de couverture prête à toute éventualité, c'est-à-dire bien en main et manœuvrière, — je dis bien « *manœuvrière* » et non figée dans des formules de fin de guerre.

Le gage diplomatique rhénan — même diminué de valeur — doit nous permettre d'obtenir satisfaction sur le premier point. La solution des deux autres ne dépend que de nous.

Mon allocution du Saint-Quentin en 1926, dans laquelle je réclamais l'organisation de la frontière, a bien excité la verve de certains esprits continentaux peu scrupuleux, qui — sans oser l'avouer — ne voulaient pas en entendre parler, sous prétexte que cette organisation pourrait être un argument décisif en faveur de ce qu'ils appelaient la *politique d'abandon.*

Ce discours, du moins, aura servi à saisir l'opinion publique d'une question, dont la solution ne pouvait plus supporter aucun retard.

Les crédits initiaux ont été alloués, tous les organes d'exécution sont à pied d'œuvre, mais les réalisations tangibles ne sont guère apparentes, parce que la nécessité de restaurer nos régions dévastées a primé toutes les autres questions pendant longtemps et parce que la volonté de réaliser une œuvre, qui sera bonne encore dans cinquante ans, fait hésiter les techniques militaires.

Il serait temps d'aboutir cependant, le mieux étant l'ennemi du bien.

Reste la question de l'organisation de l'Armée avec le service à court terme, ainsi que la constitution en tous temps d'une Aviation de riposte et d'une Armée de couverture commandée et dotée de tous les moyens matériels nécessaires.

Je n'entrerai pas sur ces différents points dans des développements qui ne sauraient trouver leur place ici, mais j'ai le droit de dire que par suite de sa nouvelle organisation calquée sur celle qui était prévue pour la campagne 1918-1919 l'Armée française tend à délaisser la manœuvre, pour rester ce qu'elle fut à la fin de la guerre, c'est-à-dire presqu'exclusivement technique, comme si les armées de fin de conflit n'étaient pas des pis aller, où l'on recherche dans les moyens matériels la compensation nécessaire au fléchissement de la valeur des cadres et de la troupe, comme si enfin la forme de la guerre était fixée à jamais.

Commandant d'un corps d'armée de couverture pendant plus de sept ans je n'ai cessé de réagir contre cette tendance funeste et de dire qu'il y avait mieux à faire, surtout si l'on voulait former un Commandement à hauteur de sa lourde tâche du temps de guerre.

Sans Commandement pas d'armée ! et les méthodes de la guerre de stabilisation *sont* et *resteront* toujours impuissantes à former un Commandement.

Or, je le demande, la valeur du Commandement n'est-elle pas la meilleure garantie, que puisse prendre une France résolument pacifique contre l'inconnu formidable que représente la forme de la guerre future, aussi bien dans le domaine de la conception que dans celui de l'exécution ?

En novembre 1918, mon dernier rapport de guerre adressé au Haut Commandement se terminait par ces mots, auxquels je n'ai rien à changer :

« Prenons garde de tenir pour parfait l'instrument qui vient de nous donner la Victoire !

« Dans le futur conflit de la Germanie et des Gaules, la France n'aura plus devant elle l'armée allemande de 1918. »

Conclusion.

Nous voici bien loin de l'orientation nouvelle, vers laquelle veulent nous pousser certains esprits généreux.

Est-ce à dire que l'Humanité ne pourra jamais connaître un avenir meilleur ?

Loin de moi cette pensée ; mais il faut bien admettre que ceux qui ont été foulés aux pieds, saccagés, voire même annexés au cours des cent dernières années ont le droit de dire leur mot dans cette grave question de la sécurité. Car ils ne sauraient accepter qu'au nom de leur seule situation géographique ils soient exposés toujours à servir de rançon au reste de la Nation, si celle-ci ne leur donne pas en échange et en tous temps les garanties nécessaires.

C'est cette opinion que j'ai exprimée en décembre 1925 — c'est-à-dire au lendemain même de Locarno — dans les termes suivants :

« La France doit avoir la politique de son armée ou l'armée de sa politique.

« Metz et Strasbourg ont servi de rançon à la France *idéaliste* pour lui permettre de liquider la politique de principes, qui l'avait conduite à Waterloo et à Sedan.

« Il est bien d'ameuter la conscience universelle contre de tels forfaits ; il est mieux de n'en point préparer la réalisation de ses propres mains.

« Il n'existe aucune loi humaine permettant à la majorité de la Nation de faire payer par une minorité ses expériences *même les plus généreuses.*

« La France est une et indivisible.

« L'unité de la France peut sombrer dans le grave problème du *désarmement,* qui engage l'existence même des populations frontière au bénéfice du reste du Pays.

« Toute politique *idéaliste nouvelle* doit se faire dans le cadre de notre politique *réaliste traditionnelle,* base de notre sécurité.

« Plus la France est *idéaliste* plus son gouvernement doit être *réaliste.* »

Ces lignes écrites il y a quatre ans, — en

prévision des événements qui se déroulent aujourd'hui sous nos yeux, — me serviront de conclusion.

Entre les exagérations du Continental victorieux et celles du Pacifiste impénitent, il me paraît impossible qu'après tant de traverses et d'épreuves la France ne puisse parvenir enfin à l'équilibre nécessaire.

Le temps est venu, pour elle, de se remettre en garde et de reprendre en main son balancier.

CHAPITRE II

IMPOSSIBILITÉ DE FAIRE DÉPENDRE NOTRE SÉCURITÉ DE NOTRE ÉTABLISSEMENT PRÉCAIRE SUR LE RHIN

Discours prononcé au banquet des Vétérans des Armées de terre et de mer le 21 juin 1925 (1)

Messieurs les Vétérans,

Je suis heureux, comme Gouverneur militaire de Metz, de vous souhaiter la bienvenue sur cette terre où a coulé le sang de tant de vos camarades il y a plus de cinquante ans.

Demain, fidèles à votre devise : « Oublier... Jamais ! » vous irez vous retremper sur les champs de bataille avoisinants. C'est le passé que nous avons effacé !

Me tournant vers l'avenir je voudrais vous

---

(1) Réponse improvisée au discours prononcé par le président général, M. Sansbœuf, devant la statue du maréchal Ney. (Réponse sténographiée par les soins de la Société des Vétérans des Armées de Terre et de Mer.)

dire deux mots — qui seront des mots de confiance — en réponse aux paroles que votre Président a prononcées ce matin devant la statue du maréchal Ney.

Il vous a rappelé la phrase de notre éminent chef, le maréchal Foch, sur la nécessité de nous maintenir sur le Rhin.

Malheureusement, à cet égard, nous ne sommes pas libres, car nous ne sommes pas seuls. Vous pensez bien que la paix n'aurait pas été ce qu'elle fut si nous avions été seuls à traiter avec les Allemands et vous n'ignorez pas non plus que la solution de la question rhénane ne dépend pas aujourd'hui de notre seule volonté. Voilà tout le problème !

Il ne faut donc pas partir en guerre et dire : « Ce sera ainsi parce que nous le voulons ! » Il faut au contraire nous bien persuader que pour faire ce que nous aurions voulu en 1918 et ce que certains voudraient encore il faudrait nous brouiller avec nos meilleurs amis.

Ce que je veux vous dire, c'est que nous autres, les militaires, nous ne nous laisserons pas prendre de court par les événements.

Évidemment, le maréchal Foch avait trois fois raison, lorsqu'il prit un dispositif d'armistice sur le Rhin, qui devait permettre à la France et aux Alliés d'imposer le traité qu'ils voulaient.

Mais, c'était une situation de fin de guerre ; le maréchal avait derrière lui toute une France mobilisée, aujourd'hui nous ne l'avons plus.

Vouloir dans ces conditions tenir le coup sur le Rhin indéfiniment — et peut-être seuls — parce que nous y verrions le gage de notre sécurité, serait, à mon sens, une erreur. Nous ne le pourrions pas matériellement, étant données les nécessités extérieures et intérieures auxquelles la France doit faire face. Il faut donc considérer à l'heure qu'il est notre avant-poste sur le Rhin, comme une possibilité de faire, grâce à lui, ce qui est nécessaire en vue d'assurer la sécurité de la France sur son territoire même.

Dès lors, je voudrais vous rappeler une notion qui vous donnera confiance, je pense, parce que c'est sur cette notion qu'a reposé la sécurité de la France pendant près de deux siècles, depuis le traité de Westphalie, dont a parlé votre Président, jusqu'aux traités de 1815.

Cette notion est la suivante : c'est qu'il y avait autrefois un pays dont Metz était la capitale, pays situé entre Meuse et Moselle, et dont l'unité était parfaite. L'orateur, qui a parlé avant moi, vient de vous le dire. Les liens qui unissaient le Sedanais et le pays Messin étaient alors extrêmement étroits.

En constituant cette unité des pays entre Meuse et Moselle, s'appuyant à droite à Metz, à gauche à Sedan, avec Luxembourg comme avancée et Verdun comme réduit, Louis XIV a permis à la France de subir sans sombrer deux défaites graves, en 1815 et en 1870.

1815 nous a fait perdre Luxembourg et Bouillon ; — 1870 nous a coûté Metz. — Restait le réduit de Verdun, qui a sauvé la France pendant la Grande Guerre.

En outre, il faut comprendre que si nous avons une situation inexpugnable entre Meuse et Moselle nous dominerons à la fois les deux brèches par lesquelles les Allemands peuvent passer ; les deux brèches qui ont été ouvertes précisément dans la frontière vulnérable de la France par les traités de 1815 : je veux parler de la trouée de l'Oise et de la trouée de la Sarre.

Ces trouées n'existaient pas autrefois, du temps de Vauban ; on les a ouvertes intentionnellement. Donc, raison de plus pour que nous reconstituions d'une façon très forte ce qui fut en somme le palladium de notre sécurité pendant deux siècles, étant entendu que durant cette période ni les Prussiens ni les Bavarois n'étaient en Rhénanie.

Il ne faudrait pas qu'après avoir vécu sur cette idée de la nécessité de la frontière du Rhin, le jour où on vous l'enlèvera vous puissiez craindre pour la sécurité de la France.

Vous pouvez faire confiance sur ce point à la prévoyance de l'éminent patriote, qui est à la tête de l'Armée et du Gouvernement : M. Painlevé.

Je voudrais maintenant, sans sortir de mon sujet, ajouter un mot pour mes compatriotes ici présents.

Je suis trop de ce pays pour ignorer le sentiment, je ne dirai pas d'angoisse, mais d'inquiétude légitime, qui anime les populations mosellanes. Pourquoi ? Parce que celles-ci ne se sentent pas protégées par des frontières naturelles, qui les gardent matériellement et moralement.

Le pays entre Meuse et Vosges est un pays de libre parcours, qui actuellement n'est pas garanti du côté de la Rhénanie : il faut donc faire quelque chose. Eh bien ! je crois pouvoir vous donner l'assurance que l'on y songe et que par conséquent nous saurons créer artificiellement la cuirasse qui mettra les esprits de ce pays dans la quiétude nécessaire.

Quoi qu'il en soit, je veux vous dire, à vous

les Vétérans de 1870, qui êtes le passé et dont les successeurs pendant la Grande Guerre n'ont fait que marcher sur vos traces, je veux vous dire que le passé répond de l'avenir et que, quoi qu'il arrive, j'en fais le serment ici, nous saurons être à la hauteur de tous les sacrifices.

Messieurs, je bois à la France. (Applaudissements.)

CHAPITRE III

DANGER DES UTOPIES PACIFISTES (1)

Mes chers Amis,

Vous avez été l'élite de nos soldats durant la tourmente ; vous avez été le roc inébranlable sur lequel s'appuya le Commandement pour mener à bien tous les redressements et pour conduire la guerre à une fin glorieuse.

Il ne dépendit pas de vous que la Paix ne fût ce qu'elle devait être.

Pour la France, il ne saurait y avoir de Paix durable sans Sécurité, et il me semble bien que sur ce point essentiel les représentants de notre pays aient su faire entendre leur voix à Genève et à Locarno, dont vient de vous parler votre Président.

Mais ce succès diplomatique comporte à mon

---

(1) Réponse adressée le 19 décembre 1925, lors du banquet des Médaillés militaires, au Président de la Section de Metz.

sens un danger prochain, qui est en nous, et que j'ai le devoir de vous signaler.

Il arrivera fatalement qu'en France même des hommes généreux, animés par l'*Esprit nouveau*, croiront de bonne foi travailler contre la Guerre en travaillant contre l'instrument de notre sécurité, c'est-à-dire contre l'Armée. Ils invoqueront sans doute les besoins de la Paix, les horreurs de la Guerre, dont votre Président vous invite à conserver le souvenir. Vous serez là pour dire que ce souvenir doit nous pousser à renforcer notre sécurité et non à la diminuer, car les œuvres de paix ne peuvent se développer que dans la sécurité.

A Genève et à Locarno, des diplomates étrangers éminents ont pu être raisonnables au sens étymologique du mot. Je veux dire qu'on a pu les raisonner.

Il n'en sera jamais de même pour les foules, qui sont gouvernées par leurs sentiments et leurs passions.

Notre belle France est le pays des sentiments généreux et, par conséquent, le pays d'élection des prophètes, qui savent les exploiter. Et, comme lesdits prophètes sont par définition excessifs, ils créent des courants d'opinion, qui peu-

vent rapidement devenir dangereux par leur
violence même et les réactions qu'ils engendrent.

Vous pouvez tenir pour certain que les prophètes de la génération qui monte, fatigués de
votre gloire et, pressés, dans le trouble général,
de prendre les places réservées de tout temps au
travail et à l'expérience, vont chercher à sub-
merger la génération qui fit la guerre, sous une
vague de pacifisme auquel l'esprit de Locarno
donnera un semblant de raison.

Il vous sera facile de répondre que si l'intérêt
de la France lui commande d'être *pacifique,* les
conditions mêmes de son statut territorial lui
interdisent d'être *pacifiste,* sous peine de compromettre son existence même. Et notre Histoire d'avant-guerre est là pour le prouver.

Les hommes de ma génération se rappellent
fort bien une revue passée par l'Empereur
Nicolas II au camp de Châlons, au mois d'octobre 1896, laquelle fit quelque bruit dans le Monde.

L'Armée française, dotée de sa nouvelle artillerie de 75, apparut brusquement animée d'un
mouvement qui paraissait invincible.

C'était le résultat de vingt-cinq années d'efforts
succédant à nos désastres de 1870. Car la défaite

est un rude levier pour un peuple, qui ne veut pas mourir et ne sait pas oublier.

Mais alors on assista à un spectacle inattendu : il sembla que la France pacifique craignît d'avoir à se servir de l'outil merveilleux qu'elle avait forgé. Et pour affirmer son amour de la Paix devant des voisins inquiets de sa restauration militaire, elle commença de diminuer systématiquement la valeur de cet outil, tout en faisant montre d'un pacifisme, qui eut de cruels retentissements par l'exploitation systématique qu'en firent les Allemands ici-même, dans nos provinces annexées.

Ainsi donc, parvenue à l'apogée de sa puissance militaire et ayant obtenu par ce moyen la fin de son isolement en Europe, la France, dans son ardent amour de la Paix, acceptait une situation de fait douloureuse pour elle, sans admettre cependant sur ce point aucune prescription possible, que l'opinion publique n'eut d'ailleurs pas ratifiée : sentiment certainement très sincère, mais trop fin pour être compris outre Rhin.

Ne vous étonnez donc pas des humiliations, que l'Allemagne prétendit nous infliger dans les années suivantes à propos du Maroc.

Mais il advint ce qui devait arriver : sous le coup de fouet de ces provocations successives, l'opinion publique française se ressaisit, et, en 1914, quand vint la suprême injure d'avoir à livrer la forteresse de Verdun comme gage de notre parjure vis-à-vis de notre alliée, la France, sous l'insulte, se dressa frémissante, prête à vaincre ou à mourir.

L'Allemagne, en quelques années, avait refait ce que nos pacifistes avaient défait.

Je vous ai dit également que certains courants d'opinion peuvent devenir dangereux par les réactions mêmes qu'ils engendrent.

C'est précisément encore ce qui se produisit à cette époque dans le domaine des conceptions purement militaires.

Tandis que le maréchal Joffre menait à bien la restauration de notre haut Commandement et de nos grands États-Majors, et gagnait ainsi sa bataille de la Marne dans les deux années qui précédèrent la guerre, nous avons vu apparaître certains prophètes militaires, qui crurent avoir trouvé le secret de la victoire dans l'*offensive quand même*.

Ils étaient mus, sans doute, par un désir de redressement, qu'ils croyaient nécessaire après la vague de pacifisme, qui avait submergé une partie de la Nation.

Et c'est ainsi que par un sentiment louable à l'origine — mais excessif dans ses conséquences — ils en arrivèrent à ériger en dogme cette théorie de l'offensive, qui devait nous tenir lieu de doctrine de guerre non seulement dans le domaine tactique, mais encore dans le domaine stratégique.

Sublime folie, dont devaient avoir vite raison les réalités de la guerre !

Et voilà pourquoi votre Président a pu vous dire tout à l'heure que certains corps étaient partis à l'assaut à 1.500 mètres de l'ennemi, drapeau déployé, clairons sonnant.

Je n'insisterai pas.

Qu'il vous suffise de vous rappeler que, demain comme hier, certains mouvements d'opinion peuvent avoir des répercussions incalculables dans tous les domaines.

Il appartient aux Pouvoirs publics, instruits par l'expérience, de discerner à temps le danger et de le conjurer en s'appuyant sur le clair bon sens du peuple de France et en particulier sur vous, qui en êtes l'élite et qui, dans la Paix

comme dans la Guerre, devez rester le roc inébranlable, contre lequel rien ne saurait prévaloir.

Je crois avoir répondu aux questions soulevées
par votre Président dans son discours, et je
m'excuse de l'avoir fait si longuement.

Je terminerai par une courte anecdote de
guerre.

Un soir d'hiver de 1915, en Serbie, où je me
trouvais avec ma division, un correspondant de
guerre de la Presse parisienne s'étonnait devant
un de mes hommes, originaire des Ardennes,
de le voir accepter aussi allègrement le devoir
militaire loin de la terre natale.

Et celui-ci, avec le léger haussement des épau-
les, que nous connaissons bien chez nos paysans,
répondit impassible :

« On ira où qu'y faudra ! »

Réponse aussi grande par son abnégation que
par la compréhension, dont elle témoignait !

Cet homme était bien de cette race magnifique
entre toutes, dont vous, les Médaillés, vous êtes
la plus pure expression !

Phalange héroïque, je te salue et te révère !
C'est à toi que va le cri de confiance et d'espé-
rance, par lequel se terminait l'ordre du jour que

j'adressais à ma division, en octobre 1916, après la victoire de Vaux-Douaumont :

« Soyez fiers de vous, mes gars ! Vous avez accompli ce que l'ennemi lui-même jugeait impossible ! Votre race est la plus belle ! Elle vivra ! »

CHAPITRE IV

LA SÉCURITÉ FRANÇAISE DEVANT L'OPINION PUBLIQUE AMÉRICAINE (1)

——————

MES CHERS COMPAGNONS D'ARMES,

Depuis votre arrivée en France, vous avez entendu célébrer à l'envi les mâles vertus, dont ont fait preuve nos deux nations, lorsqu'à cent quarante ans de distance, mues par un magnifique idéal, l'une et l'autre traversèrent l'Océan.

Versailles, en 1919 comme en 1783, vit la conclusion victorieuse de nos efforts communs.

Aujourd'hui, dans notre métropole militaire de Metz, d'où partit Lafayette pour la guerre de l'Indépendance, je voudrais — en militaire parlant à des militaires — dégager de notre histoire commune certains enseignements de

——————

(1) Discours prononcé le 1er octobre 1927 au banquet offert à Metz par les Anciens Combattants à l'American Legion.

Référence : cours d'histoire professé à l'École de Saint-Cyr par le capitaine Morel, ancien élève de l'École Normale supérieure.

nature à vous faire comprendre que ce qui est
conclusion pour vous ne saurait l'être pour la
France vouée par sa situation même à de perpé-
tuels recommencements.

Au milieu du xviiie siècle, les États d'Amérique
— alors possession anglaise — étaient enserrés
au nord par notre Canada et à l'ouest par notre
Louisiane, qui cherchaient inlassablement à se
rejoindre par la région des Lacs.

Il était normal que l'Angleterre voulut faire
cesser ce danger d'encerclement.

La guerre de Sept ans et la décadence de
notre marine de guerre lui en fournirent la
possibilité.

En 1756, la France s'engagea à fond dans une
guerre de coalition contre la Prusse — guerre que
l'opinion publique résuma fort spirituellement
d'une phrase : « Ils étaient quatre qui voulaient
se battre, il y en avait trois qui ne voulaient
pas ! » Le quatrième, qui était le roi de Prusse,
ne se fit pas faute d'en profiter.

De son côté l'Angleterre disposant de l'empire
des mers ne resta pas inactive et si, par le traité
de Paris en 1763, Choiseul mit « le roi de
Prusse victorieux — mais épuisé — hors d'état
de nuire », par contre il dut sacrifier nos colo-

nies et en particulier notre Canada ; nous ne gardions à l'extérieur que notre protectorat sur le monde turc, notre situation privilégiée dans une Rhénanie acquise à notre influence et la Louisiane, dont il va être question.

Cela prouve que la France ne peut impunément laisser péricliter les instruments de sa gloire et de sa sécurité — je veux dire son Armée et sa Marine. Sans marine pas d'empire colonial, sans armée pas de sécurité !

Choiseul l'avait fort bien compris.

Ayant prévu, dès 1763, la révolution d'Amérique, il voulut que la France fut prête pour cet événement. Il quitta donc pendant un temps le département des Affaires étrangères pour prendre ceux de la Guerre et de la Marine. Et sous son impulsion commença une période de restauration militaire telle que la France n'en connut pas de semblable — sauf après 1870.

Cette restauration dura près de trente ans et rendit possible et la guerre de l'Indépendance et la résistance victorieuse de la Révolution et l'épopée napoléonienne.

Voici d'ailleurs sur ce point d'histoire les précisions nécessaires :

En 1765, le programme d'artillerie de Gribeauval est adopté. En 1792, il est en voie d'achèvement. Il nous fournira pendant les guerres de la Révolution et de l'Empire un matériel qui n'aura d'égal dans aucune armée européenne et restera en service jusqu'en 1855.

En 1777 nous adoptons un nouveau fusil, qui nous servira jusqu'au milieu du XIXe siècle.

Sous l'influence de nos grands théoriciens militaires — à la tête desquels marche Guibert — notre doctrine de guerre est transformée et assouplie, se tenant dans un juste milieu entre les extrêmes de l'ordre mince et de l'ordre profond, entre les partisans du choc et ceux du feu. C'est à cette école que Bonaparte fut élevé.

Notre service en campagne est de 1778 et nos règlements de manœuvre sortiront du Ministère de la guerre en 1791, mais toutes les troupes y sont exercées depuis plusieurs années et les sous-officiers de l'armée royale pourront initier à ces méthodes nouvelles nos volontaires de la Révolution.

Enfin, choses importantes : en 1783 le corps d'État-major est créé et l'organisation même du territoire national en grandes divisions militaires est de la même époque.

Sur mer, quand Choiseul quitte le pouvoir, la France a 82 vaisseaux de premier rang, 70 frégates et 8.000 canons ; elle a 77.000 inscrits, dont 20.000 canonniers exercés.

Lorsque le bonhomme Francklin débarquera à Paris pour plaider la cause des insurgés américains, descendants des émigrés et exilés politiques d'Angleterre, la France sera prête militairement.

A ce moment l'Angleterre mettra tout en œuvre pour nous accrocher sur le continent ; mais la politique de notre grand Vergennes nous dégagera fort heureusement à Teschen.

Notre liberté d'action étant ainsi assurée, la France peut en 1778 jeter son épée dans la balance en mettant toute sa puissance et ses alliances au service de votre cause.

Cinq ans après, le traité de Versailles proclame votre indépendance.

Malheureusement la France n'avait obtenu ce résultat qu'au prix de sacrifices financiers, qui se chiffraient par plusieurs milliards — somme formidable pour l'époque.

Les troubles, qui en furent la conséquence, transformèrent en Révolution l'évolution politique voulue par la presque unanimité de la nation.

« Du fait de la tournure violente prise par les

événements intérieurs nous perdions dans le domaine militaire l'élite, dont notre nouvelle doctrine de guerre était encore l'apanage », et nous assistions impuissants à l'effondrement de notre Marine comme à la désorganisation de nos arsenaux. Le Comité de Salut public ne pourra que les reconstituer hâtivement. Enfin, dans le domaine diplomatique, il ne restait rien des alliances patiemment nouées par Vergennes.

Le travail de toute une génération était en partie compromis au moment précis où la France allait en avoir le plus pressant besoin, et il fallut pour que ce travail ne fut pas complètement perdu « l'élan mystique qui anima toute l'armée française pendant vingt ans » et le génie d'un homme de guerre prodigieux, auquel il ne manqua que quelques générations de vieille France — pour avoir le sens de la mesure.

Et cependant ce fut au cours de cette période héroïque que, par un détour imprévu, la France fonda votre sécurité sur des bases immuables.

L'Angleterre s'étant de nouveau assuré l'empire des mers par la victoire de Trafalgar, Napoléon comprit que le sort du Canada allait être réservé à la Louisiane.

L'encerclement des États-Unis d'Amérique pouvait donc se refaire incessamment du fait de l'Angleterre, qui n'eut peut-être pas manqué de mettre ensuite à profit votre isolement.

Au moment où il se retournait vers le Continent, Napoléon ne pouvait par inertie risquer de compromettre sur ce point l'œuvre de la génération précédente et pour quelques deniers il vous fit don de la Louisiane. Dès lors la vallée du Mississipi se trouvant dégagée, les routes du Far-West et du Pacifique vous étaient ouvertes : le problème de la sécurité ne devait jamais plus se poser pour vous.

Hélas ! dans le même temps, nous allions compromettre gravement la nôtre.

Il serait facile de vous montrer pourquoi l'effort gigantesque tenté par Napoléon contre l'Europe — dans la forme où il fut amené à le concevoir — était militairement voué à un échec certain.

N'en retenez que la conclusion, qui fut la perte de notre sécurité en 1815 par la dislocation voulue de notre frontière jadis organisée par Vauban et par l'installation des Prussiens et des Bavarois en Rhénanie — dans un pays qui n'était pas le leur.

Le Monde prenait ses garanties contre la France, et les invasions de 1870 et de 1914 en furent la conséquence.

Lors du dernier conflit, vous souvenant du passé, vous êtes accouru généreusement au secours de la France et en juillet 1918 — sur le sol sacré de la France — nous étions de nouveau quatre qui voulions nous battre. Mais cette fois, grâce au commandement unique, on ne put pas dire qu'il y en avait trois qui ne voulaient pas.

Et, le quatrième, qui était toujours le roi de Prusse, dut mettre bas les armes. Le traité de Versailles nous rendit alors notre Alsace et notre Lorraine mais non notre sécurité.

Je sais bien qu'il est parfois difficile de comprendre des nécessités auxquelles on n'aura jamais à faire face soi-même.

Cependant au moment où la France tend de toutes ses forces vers la solution de Louis XIV modernisée — frontière organisée et Rhénanie libérée non plus politiquement mais du moins militairement — je vous adjure de nous comprendre.

Un peuple de 50 millions de Français et de Belges ne peut vivre et prospérer dans l'insécurité, et, à ce point de vue, ce qui était nécessaire du temps de Louis XIV l'est devenu bien davantage aujourd'hui par suite de la constitution de l'unité allemande.

D'ailleurs, qui pourrait raisonnablement

mettre aujourd'hui en doute l'esprit pacifique de la France?

La paix du Monde ne peut être compromise que par celui qui, libéré de tout souci extérieur et disposant du plus grand volume de population, a la plus grande force latente *immédiatement employable*.

L'Allemagne a aujourd'hui ce privilège, dont la France jouissait exclusivement autrefois en Europe. Désormais ce n'est plus contre la France que le Monde doit prendre ses garanties. La situation s'est retournée.

Au moment où vous allez rentrer dans votre pays, tout imprégnés de l'amour de la France, je vous demande de ne jamais l'oublier — je vous le demande, au nom de la fée bienfaisante, qui veilla sur votre berceau et qui directement ou indirectement vous sauva par deux fois.

EXPOSÉ GÉNÉRAL DE LA QUESTION

La restauration de Metz ne pouvait se concevoir en dehors de la rénovation de la doctrine mosellane, dont elle est la clef de voûte ; et, d'autre part, cette restauration ne pouvait être menée à bien rapidement que si elle était conduite selon un programme d'action logique et arrêté d'avance.

La conception d'abord, l'exécution ensuite.

Avant donc d'aborder le domaine des réalisations pratiques accessibles à tous les esprits, il convient de s'arrêter un instant à la notion de *conception*, qui exige des idées générales et des connaissances assez peu répandues.

L'exposé de la doctrine mosellane a fait l'objet de la première partie de ce livre. Je n'y reviendrai pas.

Je me bornerai à signaler que pour *concevoir* la rénovation d'une ancienne doctrine nationale, qui avait fait la force de la France sur sa frontière vulnérable, et dont la méconnaissance avait en partie causé la perte de Metz et de trois départements français en 1871, il fallait un enfant de

Metz ayant conservé intact le souvenir des grandes traditions de notre ancienne politique de frontière et n'ayant pas subi par conséquent la déformation de l'École allemande en tout ce qui touche à l'Histoire de France.

En outre, pour *entreprendre* cette œuvre de salut public, dont le Gouvernement ignorait d'abord jusqu'à la possibilité et qui en bien des points allait s'opposer à la politique utilitaire du Commissariat général — liée avant tout au respect des situations locales — il fallait un enfant de Metz investi par sa position officielle d'une certaine indépendance, sachant se placer et rester, quoi qu'il arrive, sur le plan national sans se laisser entamer jamais par les intrigues, qui chercheraient à dénaturer ou à faire dévier son action.

Il fallait en un mot *savoir*, *pouvoir* et *oser*.

Je m'empresse d'ajouter que dans le pays mosellan désannexé, qui avait nécessairement perdu le fil de ses grandes traditions nationales, la diffusion d'une doctrine rénovée ayant pour point de départ la restauration matérielle et morale de Metz ne pouvait être menée à bonne fin sans le concours du maire et de la municipalité de Metz.

Il fallut donc, avant tout, chercher à convaincre

le maire de Metz, quel qu'il fut, étant entendu qu'en vertu de la vitesse acquise au lendemain de l'Armistice ce magistrat municipal ne se considérait pas tout à fait comme l'élu du suffrage universel, mais se croyait encore — à l'image d'un maire de carrière — un simple fonctionnaire placé sous les ordres du président de Lorraine mué en préfet par la grâce de Strasbourg sous réserve de faire la politique de Strasbourg.

J'ai tenté de jouer ce rôle difficile — sans jamais sortir de mes attributions — par la seule force des arguments, que j'employais en ma qualité d'enfant de Metz, vis-à-vis du maire de Metz, et grâce à l'appât bien naturel, que constituaient pour la municipalité de Metz les nombreux immeubles et terrains militaires, sans lesquels celle-ci ne pouvait songer à modifier l'allure générale de la Cité.

Ce fut ainsi que non seulement la ville de Metz vit se développer progressivement le champ de ses possibilités matérielles, mais que sa municipalité en vint peu à peu à évoluer dans un cycle d'idées, qui lui étaient auparavant totalement étrangères.

Et il fallut ce nouveau cadre matériel et moral pour que la municipalité de Metz put mener à bien les réalisations d'ordre pratique, qui étaient de son ressort exclusif et pour lesquelles elle trouva dans son sein les hommes de dévouement nécessaires.

Ceci dit en vue de rendre à chacun ce qui lui est dû, je voudrais — faisant un choix entre beaucoup d'autres — mettre sous les yeux du lecteur quelques documents de nature à l'éclairer sur la politique de restauration locale, qui fut suivie à Metz depuis 1922 et dont la réussite a éloigné de Metz et du Pays Messin le spectre de l'autonomisme.

Ces documents sont groupés en trois chapitres, savoir :

1° Programme d'action relatif à la restauration de Metz ;
2° Restitution à Metz de sa Cour d'appel ;
3° La bataille « pour Metz ».

Au cours de cet expoxé je serai amené parfois à me mettre personnellement en cause, et je m'en excuse d'avance.

CHAPITRE I

PROGRAMME D'ACTION
RELATIF
A LA RESTAURATION DE METZ (1)

En décembre 1921, lorsque le Gouvernement décida le transfert du 6e corps d'armée à Metz, la situation de Metz et du pays mosellan était la suivante :

— Tutelle de l'Alsace sur la Moselle voulue par le Commissariat général de Strasbourg et assurée grâce au maintien en Moselle de l'organisation allemande à base de fonctionnaires étrangers au pays mosellan et prenant leur mot d'ordre en dehors de la Moselle.

— Isolement économique de la région mosellane résultant du blanc ferroviaire, qui existait avant la guerre entre les anciens fronts de déploiement stratégique français et allemand.

— Paris heureux de voir les Mosellans de

---

(1) Communication faite à l'Académie de Metz, le 4 novembre 1926.

langue française défendre l'idée française au sein du Conseil consultatif et faisant, sans le vouloir, de Metz et du pays mosellan la rançon de l'Alsace.

— Metz et la Moselle faisant confiance à certaines personnalités locales, qui entendent que le pays passe par elles pour aller à la France, c'est-à-dire que l'intérêt de la France soit subordonné au leur.

D'autre part, l'occupation temporaire de la Rhénanie voile à tous les yeux l'importance nationale de la question de Metz.

La pure doctrine française, qui a fait de Metz à raison de sa situation stratégique le pivot de notre sécurité, et à raison de sa position géographique — non loin de la limite des langues — le point de résistance nécessaire contre toute emprise de la culture adverse, ainsi que le point de départ obligatoire de notre rayonnement national au delà de notre frontière, la pure doctrine française, qui fait également de Metz à raison de sa situation économique près de la Sarre et du Luxembourg et à la poignée de l'éventail rhénan notre marché le plus important du Nord-Est, toute cette doctrine basée sur la logique, sur les faits et sur une expérience de plusieurs siècles n'existe plus.

En dehors du marché sarrois, que nous assurent les traités par la suppression de la barrière douanière jusqu'en 1935, mais pour la conservation duquel rien n'est fait ou même prévu, partout c'est la stagnation, c'est le calme précurseur de la mort.

Il semble qu'il existe une conjuration générale contre Metz : d'abord dans les départements voisins, où l'on poursuit avidement l'évincement d'un concurrent dangereux, que les Allemands avaient intentionnellement laissé tomber, et ensuite dans la Moselle même, où quelques mauvais bergers semblent s'employer à interdire toute modification au *statu quo*.

Une partie des fonctionnaires locaux, — d'origine étrangère au pays, — escomptant ouvertement le retour des Allemands, veulent que ceux-ci retrouvent tout en place tel qu'ils l'ont laissé, et la masse des Mosellans redoutant les dénonciations ultérieures laissent faire. Par ailleurs, en vue d'obtenir certaines garanties d'ordre moral, une minorité agissante tente de dresser la population entière contre ses propres intérêts, tels que ceux-ci résultent du nouvel état de choses.

Au milieu de ce dédale, les Pouvoirs publics cherchent à tâtons leur voie dans la nuit, et en présence de cette situation angoissante succédant aux vastes espoirs du début, les Messins eux-mêmes et leur municipalité paraissent avoir renoncé. Le maire, M. Winsbach, ne me cache pas, dès mon arrivée, l'impression déprimante que lui cause la volonté ouvertement affirmée par Nancy — transformée par suite des événements de 1870 en métropole de l'Est — de sceller la pierre du tombeau sur « Metz-la-Morte ».

Et cependant, peu de temps après, Metz renaissait de ses cendres ; et en juin 1926 le chef de l'État quittant le Saint-Quentin entre le maire et le gouverneur de Metz pouvait leur dire : « Maintenant nous sommes fixés sur la question de Metz et vous approchez de l'ère des réalisations ! »

Pour que la vérité ait pu se faire jour ainsi en haut lieu, — malgré la conjuration générale, dont je viens de parler, — il aura fallu sur place le dévouement à la chose publique et l'abnégation de quelques hommes, que rien ne pouvait abuser.

L'effort magnifique mené par toute une population française pendant cinquante ans pour garder la terre contre l'envahisseur risquait, en effet, d'être perdu, si au lendemain de la libération quelques enfants du pays ayant occupé

en France des positions parfois éminentes
n'étaient venus, dès la première heure, se
mettre au service de leur petite patrie pour la
guider dans les voies qu'elle ne connaissait plus,
et pour lui faire rendre la place privilégiée, qui
lui était due au foyer de la patrie retrouvée. Et
cette tâche délicate leur fut facilitée par la confiance de leurs compatriotes, qui les investirent
immédiatement d'un mandat législatif.

Le moment me paraît venu de fixer pour
l'histoire locale les grandes lignes d'une évolution, qui aura été décisive pour la France, pour
Metz et pour le pays mosellan tout entier — en
empêchant ce dernier de verser dans le mécontentement systématique, générateur d'autonomisme.

Programme d'Action.

Dès mon arrivée à Metz j'ai tenté d'intéresser
quelques personnalités de l'ordre administratif
ou politique à l'œuvre nationale, qui me paraissait s'imposer.

Par insuffisance de documentation ou crainte
de se compromettre, je n'ai trouvé chez certains
que scepticisme ou mauvaise volonté et n'ai
recueilli chez d'autres que conseils de prudence.

Il convenait cependant d'aboutir rapidement — à Metz en particulier — en vertu de la théorie que j'ai esquissée dans mon discours de Longwy (1) sur la nécessité des points forts au plus près de la frontière.

Restaurer Metz, reconstituer l'unité du pays mosellan de langue française par le retour de Briey à la Moselle, rendre par ce moyen à la ville de Metz son rôle directeur intérieur et son rayonnement extérieur, de manière à interdire tout retour offensif de la culture allemande contre notre civilisation deux fois millénaire, rénover en un mot la doctrine mosellane dans le cadre de notre ancienne politique de frontière, tel était le but à atteindre dans le plus bref délai, telle est l'œuvre que j'ai entreprise à peu près seul à l'origine et qui est en partie réalisée aujourd'hui, grâce à certains concours précieux, qui se sont fait jour peu à peu, — et parmi lesquels il convient de citer en premier lieu celui de M. Vautrin, maire de Metz, ce qui était logique, puisque la restauration de sa ville était en jeu.

A côté et en dehors de mon action de commandement, — mais se liant étroitement à elle en bien des points, — le programme national

---

(1) Voir page 54.

que je me suis immédiatement fixé, devait comprendre trois parties à mener simultanément :

1° *Une action extérieure* poursuivie inlassablement au nom de l'importance stratégique de Metz et ayant pour objet l'ouverture et l'achèvement rapide de ses communications avec l'arrière, ainsi que l'organisation de la nouvelle frontière ;

2° *Une action intérieure* de restauration, vers laquelle il convenait de pousser sans tarder la municipalité de Metz et pour laquelle celle-ci ne pouvait se passer de terrains et d'immeubles militaires de grande importance situés au cœur même de la cité ;

3° *Une action de propagande* incessante menée à Metz et à Paris, en vue de la rénovation de notre doctrine mosellane et par conséquent de notre politique de frontière.

Je me bornerai à parler ici des deux premiers points en laissant de côté le troisième, qui nécessiterait un développement incompatible avec le temps, qui m'est imparti pour une simple communication verbale à notre Compagnie.

I. — Action extérieure

Cette action extérieure eut essentiellement pour objet d'équilibrer Metz sur la direction de

Paris, de faire cesser son isolement ferroviaire en l'affranchissant du détour long et dispendieux de Nancy, et d'obtenir enfin la couverture fortifiée de tout le bassin industriel lorrain au plus près de la frontière.

Par ces différents moyens il s'agissait dans mon esprit de réaliser les deux buts suivants :

— Une fin de défense nationale en garantissant contre toute surprise ultérieure notre bassin industriel et en rétablissant, avant l'évacuation prévue de la Rhénanie, notre ancien bastion fortifié entre Meuse et Moselle de manière à couvrir directement Paris et indirectement les trouées de l'Oise et de la Sarre.

— Une fin de politique générale et locale en matérialisant aux yeux de tous l'unité du Pays-Haut et du Pays messin et en rendant enfin la sécurité d'esprit indispensable à toutes les populations mosellanes actuellement encore en danger d'invasion.

Ces résultats décisifs étaient liés non seulement à la future organisation défensive de la France, dont les grandes lignes sont d'ores et déjà fixées, mais encore à la création des voies ferrées appelées à desservir cette zone stratégique et industrielle d'une importance exceptionnelle.

Au premier rang de ces voies nouvelles se place la ligne du Rupt-de-Mad qui, malgré les compressions à l'ordre du jour, vient d'être maintenue en première urgence et dont l'ouverture marquera l'arrivée à Metz de la tête de ligne du réseau de l'Est.

Quant à l'organisation de la région fortifiée Metz-Thionville-Longwy, *que j'ai réclamée officiellement dès 1922,* c'est-à-dire dès l'arrivée du 6e corps à Metz, elle sera entreprise avant toute autre et vraisemblablement dès que le vote du prochain budget sera acquis.

II. — Action intérieure

J'ai jugé que cette action visant la restauration même de Metz devait comporter deux stades : au premier stade chercher la quantité et au deuxième obtenir la qualité.

Puis, grâce à l'une et à l'autre, réaliser la reconstitution du patrimoine matériel et moral de la ville — base nécessaire de son influence politique et économique ainsi que de son rayonnement moral.

Premier stade (quantité).

La richesse d'une ville est fonction du nombre de ses habitants, qui paient les impôts et font vivre le commerce.

J'ai donc indiqué, dès le mois de mars 1922, — c'est-à-dire deux mois après mon arrivée — au maire, M. Iung, qui venait de remplacer M. Winsbach, la nécessité de lancer immédiatement la ville dans une politique de constructions permettant de réunir Metz à Montigny, puis d'absorber Montigny.

Je lui ai signalé que c'était une erreur de raisonnement — grave de conséquences — de chercher à se procurer les ressources nécessaires à l'allègement de la dette municipale en escomptant la vente, dans de bonnes conditions, entre l'ancienne ville et Montigny, de terrains que personne ne voulait acheter.

J'ai dit qu'au contraire il convenait de vendre ces terrains bon marché et que la dette serait diminuée de moitié lorsque le nombre des habitants aurait doublé.

J'ai ajouté en terminant que le mouvement pouvait facilement s'amorcer grâce au remploi des dommages de guerre dans une zone centrale, où les capitaux employés en constructions nouvelles ne pouvaient que fructifier rapidement.

Dans certains milieux — administratif ou autres — cette politique de constructions ne recueillit que des sarcasmes. Mais le bon sens populaire a un instinct qui ne le trompe guère et l'on peut dès maintenant prévoir que la nouvelle ville sera complètement terminée avant peu d'années.

Le mouvement de la population est d'ailleurs un indice infaillible.

D'après le dernier recensement de 1925, la population de la ville de Metz *proprement dite* a augmenté de 15.000 habitants sur le chiffre du recensement précédent, et ce résultat a été acquis en moins de trois ans.

Il n'est donc pas interdit de penser qu'au prochain recensement l'agglomération urbaine de Metz-Montigny dépassera largement le chiffre de 100.000 habitants.

D'autre part, Metz est en passe de devenir le centre d'affaires du bassin industriel du Pays-Haut, de la vallée de la Moselle et de la Basse-Sarre.

La Compagnie de l'Est mène bien en ce moment une politique d'isolement ferroviaire vis-à-vis du Pays-Haut, dans le but d'empêcher Briey et Longwy de venir à Metz et de les obliger à faire sur son réseau le long parcours qui mène à Nancy. Mais l'automobile redressera fatalement cette situation et les intérêts individuels ou collectifs feront le reste. Une politique, qui fait systématiquement litière des intérêts d'une population industrielle importante, n'est pas viable.

Deuxième stade (qualité).

Il convient maintenant que Metz ne devienne pas simplement une ville grossie comme Roubaix et Tourcoing.

Son rôle historique et national exige la reconstitution dans cette ville des élites disparues, qui ne vivent que dans les capitales. Et cette considération primordiale nous amène obligatoirement à envisager l'élaboration d'un plan général d'embellissement. Les ressources financières que fournira la quantité doivent nous donner la possibilité de le réaliser.

Il n'est pas inutile en passant de rappeler que les Allemands n'ont voulu s'occuper de Metz à ce point de vue qu'après 1900, c'est-à-dire quand ils crurent à tort que la France — signant sa déchéance — avait renoncé à jamais au retour de ses provinces perdues.

L'autorité allemande voulait bien en effet travailler pour Metz désertée par sa population française sous l'action de vexations incessantes.

Elle voulait bien en faire une ville allemande au milieu de campagnes plus françaises que celles d'aucune province de France.

Elle ne voulait rien faire pour Metz la française qui, de ce fait, était en 1900 arriérée de quarante ans. En un mot, les Allemands à partir de 1900 ont travaillé pour eux et non pour les Messins : ces derniers feront bien de ne pas l'oublier (1).

Le démantèlement du front compris entre Moselle et Seille et l'édification du quartier de la nouvelle gare, au cours des dix années qui ont précédé la guerre, furent la conséquence de cette décision raisonnée prise par l'autorité allemande.

J'ai donc indiqué au maire, M. Iung d'abord et à son successeur M. Vautrin ensuite, la nécessité de répondre à l'effet produit sur le voyageur — débarquant à Metz — par l'ensemble architectural allemand de la place de la Gare, de la rue Gambetta et de l'avenue Foch, en créant entre l'ancienne et la nouvelle ville un autre ensemble de jardins et de constructions, qui serait le témoin de la civilisation latine et de la grandeur de la France à sa frontière.

Seul, peut-être, le Gouverneur de Metz pouvait avoir une telle conception, parce que seul il pouvait connaître les possibilités relatives à la liquidation des nombreux immeubles militaires situés entre les deux villes.

---

(1) A ces raisons d'ordre moral venaient s'ajouter les nécessités stratégiques, qui imposaient la substitution à l'ancienne gare en cul-de-sac d'une nouvelle gare à transit direct.

Pour réaliser cette conception il aura fallu amener progressivement à mes vues, au nom **de** *l'intérêt national* et de *l'intérêt militaire*, les bureaux du Ministère de la Guerre, puis au nom de *l'intérêt de la ville* même, le maire de Metz en personne, qui hésitait à s'engager dans la voie nouvelle que lui ouvrait ainsi la France de façon assez inattendue.

Il comprit certainement que l'opinion publique messine ne lui pardonnerait pas d'avoir laissé échapper une occasion que la ville ne retrouverait peut-être jamais.

Aujourd'hui Metz est en marche et rien ne l'arrêtera plus.

Lorsque, grâce au récent décret du 25 septembre 1926, le plan d'embellissement de la ville de Metz, établi par un urbaniste qualifié, aura pris corps, lorsque les services militaires verront clairement l'importance nationale du but à atteindre et les conditions de sa réalisation, la partie sera gagnée; car de l'entente des services militaires intéressés dépendent les décisions ministérielles relatives à l'aliénation des terrains et immeubles en cause.

Et un jour viendra — très prochain, je l'espère —où, dans le cadre exceptionnel que lui fait la nature, Metz aura les allures d'une capitale.

Nous verrons alors, par un phénomène de suggestion bien naturel sur les Pouvoirs publics et sur les individus, se cristalliser dans la ville toutes les élites indispensables à sa stabilisation et à son rayonnement, au premier rang desquelles il convient de placer sa Cour d'appel.

Comme vous le voyez, Messieurs, il fallait viser d'abord la quantité pour arriver à la qualité ; et, en présence des résultats déjà obtenus, il n'est aucun homme de bonne foi qui ne reconnaisse aujourd'hui les effets bienfaisants produits sur le moral des populations de Metz et du Pays messin par l'essor prodigieux de notre ville enfin ressuscitée et orientée vers de nouvelles destinées.

CHAPITRE II

RESTITUTION A METZ DE SA COUR D'APPEL ET DES PORTRAITS DES PREMIERS PRÉSIDENTS QUI S'Y TROUVAIENT AVANT 1870

I. — Comment l'affaire fut engagée.

II. — Nécessité politique du rétablissement de la Cour d'appel de Metz.

III. — Demande de la Ville de Metz en vue de rentrer en possession des portraits de son ancienne Cour d'appel.

IV. — Mémoire relatif au même objet.

V. — Lettre au Maire de Metz relative à l'opuscule intitulé : *Pourquoi la Ville de Metz réclame la restitution d'une Chambre d'appel.*

I. — Comment l'affaire fut engagée.

Le 10 décembre 1924, M. Vautrin, maire de Metz, est reçu en audience par M. le Garde des sceaux, auquel il remet :

1º Une note exposant la nécessité du rétablissement de la Cour d'appel de Metz au point de vue politique ;

2° Une demande de la ville en vue de rentrer en possession des tableaux de son ancienne Cour d'appel.

Le Maire de Metz se rend ensuite à la Présidence du Conseil, où il remet, avec une expédition de ces deux documents (1), une note relative à la situation matérielle faite à la ville de Metz depuis son retour à la mère patrie.

Et ce fut ainsi qu'à l'occasion d'une demande de restitution de tableaux, dont le bien-fondé ne pouvait faire de doute, la question de la Cour d'appel de Metz et de la reconstitution de son patrimoine matériel et moral fut posée devant le Gouvernement.

Auparavant, le terrain avait été préparé par quelques parlementaires de la Moselle particulièrement attachés au Pays messin : MM. les sénateurs Bompard et Hirschauer et M. le député Sérot.

Ce dernier, en particulier, avait remis le 16 octobre à M. le Garde des sceaux, une note visant la restitution à Metz des portraits de ses

---

(1) Voir ci-après pages 161 et 165 ces deux documents et la note jointe rédigés par le général de Lardemelle.

anciens premiers Présidents et annonçant la visite prochaine du maire de Metz.

Mis ainsi au courant des intentions de la ville, M. le Garde des sceaux décidait de se faire renseigner sur cette question, sans attendre la démarche officielle. Et, par une coïncidence curieuse, le 10 décembre, au moment précis où cette démarche se produisait à Paris, le président du tribunal de Metz, par ordre du ministre de la Justice, adressait au maire de Metz la demande de renseignements nécessaires. Dans sa lettre, le Président du tribunal prie le Maire d'indiquer « les titres que la ville croit pouvoir invoquer à l'appui de ses revendications », et de faire connaître « si une délibération a été prise à ce sujet par le Conseil municipal ».

Cette délibération est prise par le Conseil municipal, en séance plénière, le 27 décembre 1924, sous forme d'un vœu motivé ayant pour objet la reconstitution du patrimoine matériel et moral de la ville.

En ce qui concerne la restitution des tableaux, il est décidé, au cours de la même séance, qu'un mémoire exposant le point de vue de la ville sera adressé à M. le Président du Conseil.

Ce mémoire est rédigé à la demande de M. Vautrin, maire de Metz, par le Général de Lardemelle, lequel, en sa qualité de Messin, avait une connaissance exacte des grandes traditions locales.

Dès le mois d'avril 1925, satisfaction est donnée par M. le Garde des sceaux à la ville de Metz, qui rentre en possession des portraits réclamés par elle ; et quelques mois après le Chef du Gouvernement, M. le président Painlevé venu officiellement à Metz, prend l'engagement de rétablir la Cour d'appel de Metz.

II. — *Nécessité politique du rétablissement de la Cour d'appel de Metz* (1).

Certaine personnalité éminente aurait déclaré sous le Gouvernement précédent qu'on ne pouvait songer à créer une nouvelle Cour d'appel à Metz au moment où ledit Gouvernement envisageait la réduction du nombre des cours d'appel en France.

Le rétablissement de la Cour d'appel de Metz est une question de haute politique, qui dépasse

---

(1) Exposé remis le 10 octobre 1924 par le Maire de Metz au Président du Conseil et au Garde des sceaux.

complètement celle de l'organisation judiciaire proprement dite, — car elle est étroitement liée à la réorganisation d'une région, sur laquelle se fondait autrefois la force et la sécurité de la France.

Ce serait une grave erreur de continuer à raisonner sur ce point capital d'après la contexture de la France de 1914 et avec notre mentalité d'alors.

Le traité de Versailles nous a rendu notre frontière d'avant 1870. La victoire *avec le consentement des populations intéressées* devait nous rendre l'essentiel de nos frontières de 1814 et de 1792 en nous donnant immédiatement le Luxembourg et plus tard la Sarre française.

Malgré les fautes commises par nous la question reste entière grâce à la volonté des populations du Grand-Duché de résister coûte que coûte à l'absorption de leur petite patrie par un pays autre que la France, dont elles ont d'ailleurs fait partie autrefois.

Si nous voulons reconstituer la France dans toute sa force et son harmonie, il convient de traiter toutes les questions d'organisation pour les régions, qui ont fait l'objet de mutilations successives, avec la mentalité des hommes de la France intégrale et non avec celle des hommes de la France mutilée.

Notre sécurité est à ce prix.

Lorsque pour des raisons de politique intérieure le bloc des Trois-Évêchés, du Sedanais et du Luxembourg fut dissocié au moment de la Révolution pour se partager en plusieurs départements, la France était assez forte pour que sa sécurité n'en fut pas ébranlée au point le plus sensible. Mais dans l'ordre administratif on aboutit à des situations paradoxales, dont le département de la Meuse est le prototype.

Il y a deux Meuses : il y a d'une part la Meuse du duché de Bar et d'autre part la Meuse du Verdunois et de la région de Montmédy. Ces deux Meuses ne se sont jamais fondues et ne se fondront jamais. Il faut quarante-huit heures au sous-préfet de Montmédy pour aller conférer avec son préfet, alors qu'en deux ou trois heures de chemin de fer il pourrait être soit à Metz soit à Mézières.

Il n'est pas de département plus mal découpé que la Meuse, sauf peut-être celui de Meurthe-et-Moselle, qui fut constitué en réunissant ce qui nous restait de la Meurthe et de la Moselle après 1870.

Dans l'ordre judiciaire l'organisation fut plus rationnelle que dans l'ordre administratif, parce qu'elle tint compte des relations séculaires des pays entre Meuse et Moselle.

Et c'est ainsi que la Cour d'appel de Metz, héritière du Parlement des Trois-Évêchés, eut dans son ressort les départements de la Moselle, des Ardennes et des Forêts (1).

Les traités de 1815, en nous arrachant Bouillon et Luxembourg réduisirent le ressort de la Cour d'appel de Metz aux seuls départements de la Moselle et des Ardennes, la région Nord de celui de la Meuse restant coincée entre les deux comme un pays perdu.

Ce rapide exposé montre avec une clarté aveuglante que tout ce qui pourra être fait pour rendre la vie à cette région entre Meuse et Moselle, en tendant sans cesse à y agréger les Français du Luxembourg et de la Sarre, a une importance nationale indéniable.

En attendant la réorganisation administrative nécessaire, le rétablissement de la Cour d'appel de Metz fera dans le domaine moral ce que procurera dans le domaine économique et stratégique l'achèvement de la boucle ferroviaire à grand rendement partant de Paris et revenant à Paris par Meaux, Reims, Mézières, Luxembourg, Metz, Bar-le-Duc, Châlons.

---

(1) Le département des Forêts était constitué par le Grand-Duché.

Qu'il nous soit permis de rappeler en terminant que l'exode de 3o.ooo Messins depuis 1872 a fait perdre à la région de Metz son élite intellectuelle et que le rétablissement de la Cour d'appel la lui rendrait en partie.

Si le Gouvernement veut que la France retrouve son rayonnement vers la Rhénanie et attire à elle les Français, que le traité de Versailles ne lui a pas rendus, il doit porter tous ses efforts vers la reconstitution de cette élite intellectuelle, que l'ancienne France avait formée avec un soin jaloux.

III. — *Demande de la ville de Metz en vue de rentrer en possession des portraits de son ancienne Cour d'appel* (1).

LA VILLE DE METZ
A M. LE PRÉSIDENT DU CONSEIL,

La ville de Metz a l'honneur de demander à être mise en possession des tableaux qui se trouvaient avant 1870 dans son Palais de justice et qui

(1) Demande remise le 10 décembre 1924 par le Maire de Metz au Président du Conseil et au Garde des sceaux.

représentaient les Grands Magistrats ayant illustré la Cité en son Parlement ou sa Cour d'appel.

Ces portraits ont été déposés à Nancy en 1872 par MM. les conseillers d'Hannoncelles, Pidancet et Henriet, qui les avaient arrachés à l'autorité allemande dans les circonstances suivantes.

Après le traité de Francfort, qui signait l'arrêt de mort de la Cour d'appel de Metz, la plupart des magistrats, qui en faisaient partie, se retirèrent à Mézières, — la seconde préfecture de leur ressort, — pour y attendre les décisions du Gouvernement au sujet de la réorganisation de la justice sur notre frontière mutilée, — réorganisation à laquelle était liée leur situation personnelle.

Le Gouvernement ayant décidé de rattacher provisoirement le département des Ardennes à la Cour d'appel de Paris et de répartir dans les différentes cours d'appel de France les présidents et conseillers de Metz, un certain nombre d'entre eux furent affectés sur leur demande à la Cour de Douai ou à celle de Dijon. Trois ou quatre conseillers originaires de Metz préférèrent aller à Nancy pour ne pas s'éloigner de leur ville natale et de leurs intérêts.

Mais précisément parce qu'ils étaient de Metz

et de vieilles familles de robe, ils ne voulurent pas abandonner à l'autorité allemande les portraits de tant des leurs qui, à Metz, avaient été l'honneur de la France et de la Cité.

Après bien des démarches l'autorité allemande finit par céder.

Et c'est ainsi que MM. les conseillers d'Hannoncelles, Pidancet et Henriet arrivèrent un beau jour à la Cour d'appel de Nancy avec ce dépôt précieux, dont ils s'étaient faits les gardiens jusqu'à ce que la victoire put permettre à la France de reconstituer la Cour d'appel de Metz. Ces tableaux furent ainsi placés dans le Palais de justice de Nancy, où ils sont encore.

M. le Garde des sceaux ayant déclaré officiellement l'an dernier du haut de la tribune du Sénat que la question de la reconstitution de la Cour de Metz restait entière, la ville de Metz a l'honneur de demander, en attendant qu'une décision soit prise, que ces tableaux emportés de Metz sur l'initiative personnelle de trois de ses enfants, après la guerre de 1870, lui soient remis.

Si la Cour d'appel de Metz est reconstituée en vue de rendre enfin à la France sa figure séculaire face à la Rhénanie, les tableaux lui seront rendus.

Sinon la ville les conservera précieusement

comme un patrimoine d'honneur, qui ne saurait être usurpé par aucune autre, et comme un signe tangible de son antique rayonnement vers les Allemagnes au cours des siècles passés, pour le plus grand bien de l'idée française.

Le Maire de la ville de Metz.

P. - S. — Les fils de MM. d'Hannoncelles, Pidancet et Henriet, dépositaires de la pensée de leur père, apportent leur témoignage à l'appui de l'exposé qui précède et joignent leurs instances à celles du maire de la ville de Metz pour que cette juste revendication reçoive satisfaction.

IV. — *Mémoire relatif à la restitution à Metz des portraits qui, avant 1870, se trouvaient dans son Palais de justice* [1].

Il s'agit, comme nous l'avons dit dans notre requête remise au Président du Conseil et au Garde des sceaux, des portraits des premiers présidents ayant honoré, au cours des siècles passés, la France et la Cité en son Parlement ou sa Cour d'appel.

---

[1] Mémoire remis à l'appui de la requête précédente, le 10 décembre 1924, au Président du Conseil et au Garde des sceaux.

Départ des Tableaux.

Avant 1870, presque tous ces portraits ornaient la grande salle du conseil de la Cour de Metz. Ce sont ceux que M. le conseiller d'Hannoncelles, nommé président de chambre à Nancy en 1872, a obtenus de l'autorité allemande, en invoquant la présence parmi eux du portrait de son oncle M. le premier président d'Hannoncelles, et qu'il a remis *en dépôt* à la Cour de Nancy en avril 1872, c'est-à-dire dès son arrivée dans cette ville.

Trois portraits seulement se trouvaient dans la bibliothèque de la Cour de Metz. Ce sont ceux que M. Choppin d'Arnouville, ancien premier avocat général, put obtenir de l'autorité allemande, en se basant sur ses liens de parenté avec les personnages qu'ils représentaient. Ces portraits vinrent peu après rejoindre à Nancy le premier lot de tableaux.

Nous exposerons avant toutes choses la question de principe qui domine cette affaire, telle qu'elle résulte d'un document émanant du ministère des Affaires étrangères en 1872. Nous examinerons ensuite à la lumière des arguments nancéiens et avec les précisions que nous possédons, dans quelles conditions eut lieu la remise des tableaux à la Cour de Nancy.

Et nous tirerons nos conclusions.

Question de principe.

En 1872, M. Choppin d'Arnouville, premier avocat général démissionnaire de la Cour de Metz, saisit le ministère des Affaires étrangères de son désir d'enlever à l'autorité allemande les portraits des trois anciens premiers présidents du Parlement de Metz, placés dans la bibliothèque de la Cour.

Le ministre des Affaires étrangères répond que « les portraits, faisant partie d'une *collection publique,* appartenaient aujourd'hui à l'Allemagne, et que les traités passés avec cette puissance ne permettaient pas d'en revendiquer la propriété ».

Et le ministre ajoute qu'il ne voit de solution que dans une *remise gracieuse* des toiles en question faite par le Gouvernement fédéral allemand.

Le fait que des initiatives privées ont abouti à cette *remise gracieuse* librement consentie par l'autorité allemande, peu désireuse de maintenir à Metz les témoins de la grandeur française, n'a modifié en rien, du point de vue français, le caractère public de la collection en cause.

Et, à notre avis, cette collection devait faire

retour au complet à sa destination première, dès
que viendraient à cesser les circonstances excep-
tionnelles ayant motivé l'intervention de ces
initiatives privées.

M. le premier avocat général Choppin
d'Arnouville, tout comme M. le président
d'Hannoncelles, n'avait par le fait aucun droit
de disposer de tout ou partie de cette collection
publique pour en faire don à une cour quelconque, même sous condition.

En ce qui concerne cette destination première,
il convient d'observer que, par le seul jeu des
traités, la France eût retrouvé en 1918, dans le
Palais de justice de Metz, tous les portraits en
question, sans l'initiative prise par MM. d'Hannoncelles et Choppin d'Arnouville.

Le Gouvernement eût-il décidé alors que, par
suite de sa volonté de ne pas rétablir la Cour de
Metz, il y avait lieu de transférer cette collection
publique à Nancy ?

Nous nous plaisons à en douter, car, d'une
part, le geste eût pu paraître inamical vis-à-vis
de notre ville, et, d'autre part, la place des
anciens premiers présidents de l'illustre Parlement de Metz ne pouvait être, sous aucun

prétexte, dans une ville où n'existait de leur vivant aucun membre de la magistrature française, et qui luttait avec opiniâtreté pour le maintien de son indépendance dans le temps où nos grands magistrats de la Chambre de réunion de Metz travaillaient inlassablement en faveur de l'unité française.

L'ironie de cette situation n'avait certes pas échappé à MM. d'Hannoncelles et Choppin d'Arnouville, mais ils se sont déterminés d'après des mobiles plus pressants que nous allons examiner et qui feront ressortir très nettement le caractère temporaire et conditionnel du dépôt fait par eux à la Cour de Nancy.

Remise des Tableaux à la Cour de Nancy.

Nous venons d'établir que MM. d'Hannoncelles et Choppin d'Arnouville n'avaient pas le droit de disposer de la partie de la *collection vublique,* qu'ils avaient pu obtenir de l'autorité allemande, pour en faire don à qui que ce soit.

Nous allons montrer que leur intention ne fut nullement de faire un pareil don à la Cour de Nancy :

Ce serait bien mal connaître la mentalité de toutes les familles messines, qui ont quitté leur

ville natale en 1872, que de supposer un seul
instant qu'elles s'expatriaient sans esprit de
retour.

Il faudrait véritablement ignorer le culte, dont
ces Messins entouraient leur ville, pour douter
de leur intention d'y revenir, dès que cesserait la
spoliation dont la France venait d'être victime.
Dans cette occurrence douloureuse, il ne paraissait possible à personne qu'un pareil forfait
contre la conscience universelle pût se prolonger
bien longtemps.

Enfin, il convient d'affirmer que parmi les
magistrats de notre Cour d'appel, si convaincus
de la nécessité de la grandeur de la France sur
sa frontière vulnérable, pas un ne pouvait
imaginer qu'au jour prochain où Metz rede-
viendrait française, la Cour ne serait pas reconstituée.

Dans l'affaire des tableaux, tous leurs gestes
procèdent de cette pensée et de leur volonté de
ne pas laisser entre les mains de l'autorité allemande les portraits de ceux qui, à Metz, avaient
été l'honneur de la magistrature française.

A ce moment, on chercherait en vain chez
eux la soumission au fait accompli et l'abandon
volontaire à une cour voisine de tous ces docu-

ments, qui matérialisaient à leurs yeux le passé glorieux de leur illustre compagnie.

L'Officiel du 3o mars 1872 avait fixé la composition de la chambre supplémentaire qui était adjointe à la Cour de Nancy, et devait comprendre sept anciens conseillers de Metz, avec M. d'Hannoncelles comme président de chambre.

Cette chambre supplémentaire fut installée en audience solennelle le 11 avril 1872.

C'est entre le 3o mars et le 11 avril que M. d'Hannoncelles obtint de l'autorité allemande la remise gracieuse de tous les portraits des anciens premiers présidents, qui ornaient la grande salle du conseil de la Cour de Metz.

Lorsque les huit magistrats venus de Metz arrivèrent à Nancy, le dépôt précieux qu'ils apportaient avec eux fut reçu sans grand enthousiasme par M. le premier président Leclerc, de la Cour de Nancy, qui se souciait fort peu sans doute de modifier la décoration intérieure de son palais de justice pour y donner un asile temporaire à des tableaux de dimensions encombrantes.

La volonté de donner et de recevoir qui sont les éléments constitutifs du don, faisait absolument défaut de part et d'autre.

On pourra interroger utilement sur ce point notre compatriote M. d'Hannoncelles, fils du président d'Hannoncelles.

Mais, lorsque ces tableaux furent en place, il apparut à M. le premier président Leclerc qu'ils donnaient à sa cour un relief et une allure qui lui faisaient défaut auparavant.

Et c'est de lui-même que trois mois après il écrivait à M. Choppin d'Arnouville, devenu avocat à Montpellier, pour lui demander de réunir au lot de tableaux apporté par M. d'Hannoncelles à Nancy, les trois portraits qui se trouvaient auparavant dans la salle de la bibliothèque de la Cour de Metz, et que lui, M. Choppin d'Arnouville, venait d'obtenir de l'autorité allemande.

Dans sa lettre, M. le premier président Leclerc invoque-t-il des considérations de cour supprimée et d'extension consécutive de la cour qu'il préside, ou bien encore émet-il le désir de reconstituer dans son intégralité la *collection publique*, dont parlait M. le ministre des Affaires étrangères.

Nullement. Il invoque des arguments de sentiment basés sur la présence à la Cour de Nancy d'un certain nombre de membres de l'ancienne

Cour de Metz, « qui seront heureux de retrouver les images vénérées de quelques-uns de leurs plus illustres prédécesseurs, lesquelles entretiendront chez eux le souvenir de la Patrie absente »....

On ne peut souligner davantage l'attachement connu des magistrats messins pour leur ville et le refus auquel se fût heurté le premier président Leclerc, s'il eût demandé à M. Choppin d'Arnouville de faire abandon pur et simple à la Cour de Nancy des trois derniers portraits de la collection.

M. Choppin d'Arnouville sent bien qu'on lui force la main, car il ne peut marquer moins de confiance dans la Cour de Nancy que M. d'Hannoncelles et ses anciens collègues de la Cour de Metz. Néanmoins, il est loin, il se méfie et il finit par entourer sa donation de conditions relatives à la reconstitution de la Cour de Metz, et à la suppression éventuelle de la Cour de Nancy, ainsi que de considérations basées sur son prétendu droit de propriété, qui disent assez toute sa pensée et.... toutes ses craintes.

Son don conditionnel ne va donc pas à la Cour de Nancy, parce que le ressort de cette dernière Cour doit comprendre désormais la partie de l'ancien ressort de Metz resté à la France.

Le geste, auquel il a été incité et auquel il n'a pu se dérober, ne s'explique que par la présence à Nancy de huit de ses anciens collègues, qui dans son esprit ne laisseront pas péricliter entre leurs mains le patrimoine d'honneur de l'ancienne Cour de Metz.

De toute évidence, l'intention de M. Choppin d'Arnouville comme celle de M. d'Hannoncelles, fut de prendre, en ce qui concerne ce patrimoine d'honneur, les mesures conservatoires nécessaires, en attendant que la victoire permît à la France de reconstituer la Cour de Metz dans Metz redevenue française.

Conclusion.

Il existe au Musée Carnavalet un dessin dû à la plume de Victor Hugo représentant la salle des séances du conseil municipal de Thionville après le bombardement de 1871.

Une note du grand poète l'accompagne et nous apprend ce qui suit :

« Ceci est la salle des séances du conseil municipal de Thionville dans l'état où le bombardement prussien l'a mise. Toute la maison de ville est détruite, les archives ont été brûlées.

Dans cette salle, qui était la grande salle de la ville, il y avait le portrait de mon père. Il a disparu dans l'incendie avec la liberté et la nationalité de Thionville. Le maire m'a raconté cela les larmes aux yeux. Je lui ai dit : Je suis charmé de cette fin pour le portrait de mon père ; mon père ne devait pas être prisonnier de la Prusse même en effigie. »

Tel fut le mobile qui, en 1872, poussa irrésistiblement nos magistrats de la Cour de Metz à ne pas abandonner aux Allemands les portraits de leurs illustres prédécesseurs.

Et l'on peut affirmer, sans crainte de se tromper, que Victor Hugo eût agi de même si le portrait de son père fut sorti indemne du bombardement.

Mais alors prétendra-t-on que la ville voisine, qui en eut hérité temporairement, eût pu le disputer à Thionville, redevenue française?

Victor Hugo, s'il eût été encore en vie, eût ameuté de sa grande voix le pays tout entier contre une telle prétention.

Continuons la citation du Musée Carnavalet :

« Mon père a laissé une *grande mémoire* à Thionville. Les femmes même savent qu'il a défendu et sauvé la ville en 1814 et 1815. »

La ville de Metz ne demande rien d'autre

aujourd'hui que de remettre à leur place ceux qui ont laissé une *grande mémoire* dans la Cité.

Qu'il s'agisse des portraits de ceux qui ont illustré la France dans notre ville, qu'il s'agisse de notre Cour d'appel, ou de la reconstitution de notre grande banlieue de l'Ouest, la volonté formelle de la ville et de sa municipalité est de poursuivre inlassablement la reconstitution de ce qu'elle considère comme son patrimoine aussi bien dans le domaine moral que dans le domaine matériel.

Et ce faisant, elle a conscience de travailler pour la France.

Le ressort de l'ancienne Cour d'appel qui comprenait les départements de la Moselle, des Ardennes et l'ancien département des Forêts, marquait très nettement quelle était la zone d'action de Metz au triple point de vue judiciaire, économique et militaire.

L'Histoire nous apprend qu'il est de l'intérêt de la France de reconstituer l'unité de cette zone essentielle, comprise entre Meuse et Moselle.

La politique de Charles-Quint, qui enserrait la France de toute part, a succombé devant Metz, et sa défaite a conduit l'Empereur à l'abdication.

La politique de Guillaume II, qui menaçait la

France de destruction, a succombé devant Verdun et l'abdication de l'Empereur en fut la conséquence.

Nous répétons donc que l'intérêt de la France réclame impérieusement que nos pays entre Meuse et Moselle soient non plus dissociés mais étroitement soudés.

Et nous ajouterons que l'honneur de la France exige que soit effacée à jamais dans toutes ses conséquences la page écrite à Metz par un Maréchal de France, qui avait oublié que dans le titre de sa haute dignité il y a le mot « France ».

V. — *Lettre au Maire de Metz relative à l'opuscule intitulé : « Pourquoi la Ville de Metz réclame la restitution d'une Chambre d'appel. »*

Metz, le 25 février 1928.

MONSIEUR LE MAIRE,

Je vous remercie infiniment pour l'envoi que vous avez bien voulu me faire de l'opuscule adressé par la ville de Metz à tous les parlementaires de la Chambre et du Sénat qui auront à se prononcer sur la question du rétablissement de notre juridiction d'appel.

Si dans le titre adopté le terme plus général de « juridiction » eut été préférable au mot « Chambre », par contre l'exposition et la rédaction du plaidoyer sont claires et disent tout ce qu'il faut dire.

Je regrette cependant que vous ne m'en ayez pas soumis une épreuve avant le tirage définitif, car je vous aurais signalé deux erreurs matérielles, qui auraient dû être évitées dans l'intérêt même de notre cause.

La première erreur est relative à l'origine du bâtiment du Palais de justice.

Ce bâtiment a été construit non pour l'ancien Parlement, mais pour le Gouverneur des Trois-Évêchés, qui était toujours un maréchal de France.

Dans les sculptures de cet immense édifice vous ne voyez ni balance, ni glaive, ni tables de la loi. Vous n'y voyez que des casques, des cuirasses et autres attributs militaires. La Paix de Versailles, qui y est glorifiée en bas-relief, peut avoir quelque relation avec la gloire de nos armes, elle n'en aurait eu aucune avec l'œuvre patiente de nos grands magistrats. Enfin, les guérites en pierre de taille, qui sont à l'entrée, et les vastes écuries attenantes au palais, qui servirent ultérieurement à notre École d'application et qui abritent aujourd'hui le recrutement, ne sont pas d'un Palais de justice.

Cette erreur matérielle n'infirme en rien la thèse défendue par la Ville, mais elle l'a empêchée de souligner l'importance primordiale que l'ancienne France attachait à Metz et aux pays entre Meuse et Moselle, dont elle était la capitale et dont la frontière orientale était à la limite des langues, c'est-à-dire à la Nied.

La Constituante, en nous adjoignant les pays de Haute-Sarre situés au delà et en créant ainsi en Moselle un problème d'assimilation intérieure, a détourné Metz de son rôle extérieur face à la Rhénanie, tout en dissociant le bloc tutélaire ardennais-mosellan, pivot de notre sécurité.

C'était la fin de la politique de frontière suivie de façon si heureuse par l'ancienne France, au moment même où l'adoption de la politique de principes eut dû la faire apparaître comme une assurance indispensable contre la mauvaise fortune. 1815 puis 1870 devaient suivre avec une logique implacable.

Les adhésions à notre Foire d'automne de la ville de Luxembourg, des municipalités du Pays-Haut et du Sedanais illustrent de façon éclatante ces grandes traditions.

Tous ces pays, dissociés par la tempête pendant cent cinquante ans comme une compagnie de perdrix un soir d'orage, rappellent éperdument et tendent à se regrouper autour de Metz, qui leur fait entendre à nouveau la voix de la France.

La seconde erreur a trait à l'accroissement de notre population urbaine.

Vous ne tenez pas compte de ce fait qu'au dernier recensement la population de Metz eut été non pas de 70.000 mais de 76.000 habitants si la garnison avait été la même qu'au recensement précédent. L'accroissement de la population civile a donc été, de 1921 à 1925, non de 8.000, mais de 14.000 habitants.

En effet à Metz, en 1925, il y avait par rapport à 1921 :

— Un régiment d'infanterie supprimé ;

— Trois bataillons de chasseurs en Rhénanie (dont un perdu pour Metz au profit de Thionville, qui avait perdu lui-même entre temps un régiment entier) ;

— Un groupe d'artillerie sur le Rhin ;

— Un régiment de tirailleurs au Levant ;

— Différentes formations du génie et d'aviation au Maroc.

Total plus de 8.000 hommes sur lesquels nous

avons tout récupéré actuellement, sauf le régiment supprimé et le bataillon de chasseurs passé à Thionville.

Il en résulte qu'avec sa garnison actuelle Metz aurait eu en 1925 une population de 75.000 âmes environ.

Comme depuis 1925 l'afflux des arrivées ne s'est nullement ralenti — bien au contraire — il n'est pas interdit de penser qu'aujourd'hui la commune de Metz dépasse largement 80.000 âmes et que l'agglomération urbaine est bien près d'atteindre le chiffre de 100.000 habitants, si ce n'est déjà fait.

Vous n'êtes pas sans connaître en outre les travaux importants qui sont entrepris en ce moment en vue de l'exploitation future du bassin houiller de Saint-Avold. Les dépenses engagées atteindront plusieurs centaines de millions. Ces travaux vont amener dans une des zones les moins riches de notre pays mosellan au point de vue agricole une vie et un flot de population qui iront toujours croissant.

L'importance de Metz entre les deux bassins métallurgique et houiller ne pourra qu'y gagner.

Enfin, l'auteur de l'opuscule a fort bien fait de souligner la nécessité du rétablissement de notre juridiction d'appel en vue de l'annexion possible d'une partie de la Sarre.

Il n'y avait rien de plus à dire dans un plaidoyer fait en faveur de notre Cour d'appel, mais, au point de vue politique, n'oubliez pas ce que je ne cesse de répéter sur cette question de la Sarre.

La Moselle ne pourra absorber les cantons sarrois de la Basse-Sarre que si on lui rend ses pays de langue française de l'Ouest en l'allégeant à l'Est des pays de dialectes de la Haute-Sarre. Ceux-ci devront faire retour à Nancy, c'est-à-dire à l'ancien Duché, dont ils faisaient autrefois partie et dont ils dépendent d'ailleurs économiquement et stratégiquement.

La Haute-Sarre à Nancy ! la Basse-Sarre à Metz !

C'est le privilège des militaires dans les pays d'outre-mer, où la situation n'est pas encore clarifiée au point de vue national, de pouvoir faire ou dire ce qu'une administration civile ne pourrait dire ou faire.

S'ils réussissent tout le monde applaudit, étant bien entendu qu'on ne leur doit rien, et s'ils échouent il est facile de les désavouer étant entendu qu'il s'agit de questions, dont ils n'ont pas l'habitude.

Mais précisément il s'agissait à Metz de questions que, par tradition et formation personnelles, je connaissais admirablement.

Grâce à la prudence de mon action progressive, grâce ensuite et surtout à la vôtre menée avec l'assentiment de la municipalité et secondée efficacement par certains parlementaires, nous allons aujourd'hui non à un échec mais à une réussite complète pour le plus grand bien de la France et de notre ville.

Celle-ci, avant mon arrivée, s'épuisait en négations improductives. Mon seul mérite fut de rétablir la confiance générale en restaurant l'ancienne doctrine mosellane et en fixant ainsi à chacun un but précis à atteindre.

Le résultat ne s'est pas fait attendre.

Quand j'ai fait mon entrée dans « Metz-la-Morte » en janvier 1922, avec le 6e corps, qui eût pu prédire une si rapide résurrection ?

Je suis donc personnellement très heureux des remerciements que vous voulez bien m'adresser à l'occasion du rétablissement de notre juridiction d'appel.

Après les promesses faites à la ville au lendemain de l'armistice l'affaire paraissait bien enterrée, quand je l'ai fait rebondir en lançant la question de la restitution des tableaux de notre ancienne Cour d'appel.

Le rapport que j'ai fait sur ce sujet et ma note jointe relative à la restitution à Metz de tout son patrimoine matériel et moral furent remis l'un et l'autre par vous au Gouvernement et ont permis de placer enfin la question sur son vrai terrain qui est le terrain politique.

Quelques mois après, le président Painlevé, amplement documenté par mes soins, engageait solennellement le Gouvernement sur cette grave question.

Enfin, en décembre dernier, M. Sérot imaginait la dernière manœuvre, qui devait créer l'état de crise actuel d'où sortira le succès définitif.

Personnellement j'attends de cette reconstitution de notre juridiction d'appel un bien considérable pour la cause française.

Seule la présence d'un Président imbu de l'esprit local *de double législation*, à la tête de cette juridiction d'appel, serait de nature à en neutraliser l'influence au point de vue national.

C'est une faute que, je l'espère, Paris ne commettra pas.

Je me permettrai en terminant d'attirer votre attention sur un point d'importance.

Cet hiver, dans un entretien que j'eus avec M. Sérot au sujet de notre future Cour d'appel, nous sommes tombés tout à fait d'accord sur la nécessité de mettre dix ans de plus s'il le fallait, pour libérer Metz de Strasbourg plutôt que d'obtenir ce résultat avec l'appui de Nancy.

Il n'est nullement opportun en effet de tomber d'un danger national dans un autre.

Vous êtes seul juge naturellement de la manière de conduire sur ce point la défense des intérêts qui vous sont confiés. Mais dans l'intérêt même de la France, qui se conjugue étroitement ici avec celui de la Cité, il me paraîtrait urgent que Metz prit nettement position vis-à-vis de Nancy à l'occasion du Congrès de la Grande-Lorraine, qui se déroulera cet été dans nos murs.

Nancy nous offre aujourd'hui la paix avec une insistance qui s'explique.

Metz se trouve vis-à-vis de Nancy dans la position où était la France pendant la guerre vis-à-vis de l'Allemagne campée sur son territoire.

Fin 1914 le Pape prescrivit des prières publiques dans toute la chrétienté en faveur de la paix.

Le Cardinal archevêque de Paris, du haut de la chaire de Notre-Dame, éleva alors la voix. Il montra que dans la situation des armées en présence la paix serait une paix allemande et il invita les fidèles à prier pour la paix française, c'est-à-dire pour la continuation des hostilités.

Metz n'a rien d'autre à dire à Nancy en ce moment que ceci : « Sortez de chez nous c'est-à-dire de Briey et vous n'aurez pas de meilleurs amis que nous. »

Par Briey et Montmédy nous rejoignons les Ardennes, qui sont dans notre dépendance historique, stratégique, économique et spirituelle (1), et que Nancy s'obstine à maintenir hors du débat lorrain pour des raisons faciles à comprendre, comme si le Gouvernement pouvait se laisser jouer sur un point de cette importance — aussi facilement qu'une opinion publique systématiquement abusée par le mot « Lorraine ».

Ni Alsace-Lorraine, ni Grande-Lorraine, telle doit être la formule nationale et messine !

Metz, par sa situation, son importance sans cesse grandissante et ses traditions deux fois millénaires, peut seule permettre au Gouvernement de résoudre ce problème à double face,

---

(1) Michelet a dit : « Ce sombre pays des Ardennes ne se rattache pas naturellement à la Champagne. Il appartient à l'Évêché de Metz, au bassin de la Meuse, au vieux royaume d'Austrasie... » (Voir les extraits du *Tableau de la France*, par Michelet.)

dont l'incompréhension mènerait la France droit à de nouvelles amputations.

Veuillez agréer, Monsieur le Maire, l'expression de mes sentiments très amicalement dévoués.

CHAPITRE III

LA BATAILLE « POUR METZ »

I. — *La Restauration de Metz nécessité nationale.*

Rôle de l'Autorité militaire.

Au cours de la Grande Guerre, pendant quatre ans d'une lutte sans merci, la France a libéré son territoire lambeau par lambeau, et le Haut Commandement a su mener à bien cette tâche formidable sans cesser de *prévoir le pire*, sans cesser d'être en mesure d'y parer à tout moment.

Lorsque le 6ᵉ corps fut transféré à Metz, le 1ᵉʳ janvier 1922, les troupes allemandes avaient bien disparu de la cité depuis trois ans, mais l'envahisseur n'en était pas complètement parti : il y avait laissé une forte arrière-garde, qui prétendait y sauvegarder — en attendant des jours meilleurs — une influence morale, dont l'éclipse ne devait être que momentanée.

C'était donc pour l'autorité militaire la lutte qui allait reprendre sur un autre terrain — et par des moyens pacifiques cette fois — en vue de permettre à la France de gagner la bataille de Metz. Et ce fut avec une ardeur patriotique égale à celle qui l'anima pendant toute la guerre qu'elle se consacra à cette tâche nouvelle sans cesser de *prévoir le pire*.

Quel pouvait être le pire ? Un traité comportant une deuxième annexion après une guerre malheureuse ?... ou encore l'aboutissement devant la Société des Nations d'une action insidieuse de propagande allemande ayant pour objet la neutralisation des Alsaciens et Lorrains, dont la fidélité à la France avait auparavant étonné le monde, et qui depuis le retour à la mère patrie, brisant leur ancienne idole, se seraient ravalés

d’eux-mêmes au rang des minorités nationales?...

Mais, dans l’état de l’opinion publique mon-
diale d’après guerre, une annexion ou une
neutralisation nouvelle ne pouvait guère se
concevoir sans le consentement des populations
intéressées.

Le devoir de l’autorité militaire à Metz était
donc tout tracé. Il lui appartenait — et cela lui
était possible sans sortir de ses attributions —
de contribuer à créer dans cette ville une situation matérielle et morale telle qu’en cas de
plébiscite les Messins et les Mosellans fiers de
leur antique capitale — ressuscitée par la France
— renouvelassent avec éclat leur protestation
unanime de 1871.

Tout le mérite de l’autorité militaire fut de
comprendre *immédiatement* que la transformation rapide de Metz en capitale régionale était la
meilleure plateforme que la France pût y trouver
pour son action, car cette plateforme lui assurait
le concours certain de ceux mêmes, qui par
intérêt personnel eussent volontiers travaillé au
maintien du *statu quo*, sans se dire qu’ils pouvaient se faire les fourriers inconscients de
l’Allemagne.

Le but étant ainsi bien défini, le plan d’embellissement de la ville à établir par un urbaniste qualifié, — auquel la matière première serait fournie sur place, — devait en être le moyen.

Et, dans cet ordre d'idées, tout dépendait de la bonne volonté de l'autorité militaire, seule juge des possibilités d'aliénation au cœur même de la cité d'une immense étendue de terrains séparant l'ancienne de la nouvelle ville et comprenant deux grandes casernes, deux arsenaux, un important magasin de l'Intendance, trois hôtels d'officiers généraux, des bureaux d'états-majors, une grande place publique et deux squares.

Tous ces immeubles et terrains situés autrefois le long des fortifications nivelées par les Allemands après 1900 étaient indispensables à une transformation raisonnée et rapide de la ville de Metz.

Mais à raison même de son importance un projet d'aliénation englobant une telle quantité d'immeubles et de terrains ne pouvait se concevoir sans un remploi partiel sur d'autres emplacements du produit des ventes à proposer au ministre de la Guerre et sans apporter un grand trouble momentané dans l'exécution du service.

Il s'agissait donc d'une véritable révolution : dans les services militaires d'une part beaucoup plus préoccupés des intérêts, dont ils avaient la charge immédiate, que d'un intérêt national supérieur, dont ils ne percevaient pas l'urgence, et dans les méthodes financières de la France d'autre part, lesquelles excluaient par principe les remplois nécessaires à la prise en considération du projet.

Et cependant pour les raisons d'ordre national, que je viens de dire, il fallait aboutir coûte que coûte et dans le plus bref délai.

Il fut évident de suite que cette œuvre nationale ne pourrait prendre corps que si à Paris les administrations centrales intéressées pouvaient être convaincues que l'Armée — et dans une certaine mesure le Trésor — trouveraient leur compte à cette vaste opération, dont l'exécution restait subordonnée par ailleurs au concours financier de la ville. Et cette dernière question devait être réglée avant toute autre.

Avant de se tourner vers Paris, il convenait donc que l'autorité militaire put amener à ses vues le maire et la municipalité de Metz.

Le maire de Metz, M. Vautrin, avec sa vive compréhension des questions locales et nationales, avait saisi de suite l'importance des suggestions qui lui étaient faites par l'autorité militaire. Mais, à l'origine, dans les affaires concernant le domaine militaire, il était peu suivi par son Conseil municipal et il faut convenir que celui-ci n'avait pas tout à fait tort.

Le Conseil municipal de Metz, mal impressionné par les retards apportés à la remise de l'ancien hôtel de la Princerie, — que la ville avait acheté et dûment payé, — jugeait inutile, en effet, d'engager de nouvelles tractations avec le département de la Guerre.

Cependant, une action énergique menée à Paris finit par avoir raison de cette résistance inexplicable et, à la date du 10 juin 1927, le ministre de la Guerre ordonnait la remise immédiate à la ville de Metz de cet hôtel de la Princerie, qui n'est en définitive qu'une aile de son hôtel de ville.

Il fallut cet événement pour que le conseil municipal de Metz, modifiant son attitude, ne fît plus qu'un avec le maire de Metz en vue de poursuivre l'œuvre, à laquelle l'autorité militaire les conviait l'un et l'autre au nom de l'intérêt national comme au nom de l'intérêt de la cité.

Cependant, soucieux à juste titre des finances de la ville et de l'opinion de la population messine, le maire hésitait encore.

L'opinion publique à Metz admettait bien, en

effet, que la ville cherchât à acquérir certains morceaux de choix du domaine militaire, tels que l'hôtel de la Princerie ou le parc de l'Ile Saulcy, — et de fait au début il ne fut question que de ces deux immeubles.

Mais une opération généralisée portant sur tous les immeubles et terrains, qui étaient situés entre l'ancienne et la nouvelle ville, et dont l'*autorité militaire avait toujours l'emploi*, apparaissait non seulement comme irréalisable, mais encore comme peu désirable à nombre de Messins, qui n'en pouvaient percevoir ni l'échelonnement dans le temps ni les modalités financières.

En présence des suggestions de l'autorité militaire, le maire était donc placé entre deux alternatives : ou bien encourir le reproche de vouloir ruiner la ville, ou bien donner à ses adversaires politiques une précieuse plateforme de combat en leur permettant de dire — avec quelque vraisemblance — que la municipalité était passée à côté d'une occasion, qu'elle ne retrouverait jamais.

Et c'est l'honneur de M. Vautrin d'avoir su s'élever au-dessus de telles contingences dans la mesure où il crut pouvoir le faire sans heurter de front une opinion publique particulièrement ombrageuse.

Soutenu par l'approbation des sénateurs

Bompard et Hirschauer et certain en outre que l'appui moral de l'autorité militaire ne lui ferait pas défaut pour la réalisation d'une grande œuvre commune, il prit sa décision initiale concernant la caserne du Génie au cours de l'été 1927, dès que la remise à la ville de Metz de l'hôtel de la Princerie eut donné une première satisfaction à l'opinion publique messine.

Donc voici le fait. En ce qui concerne l'ensemble des terrains et immeubles militaires situés entre l'ancienne et la nouvelle ville, l'autorité militaire dut attendre jusqu'en juin 1927 pour se trouver en présence d'un acquiescement de la ville et cet acquiescement initial donné par le maire fut limité à la seule caserne du Génie, parce que — sans doute — l'opinion publique ne pourrait qu'en ratifier l'acquisition au cas où celle-ci viendrait à se produire.

Nous étions loin encore du plan d'ensemble, dont l'autorité militaire avait envisagé la réalisation, dès son arrivée à Metz, dans l'intérêt commun de la France, de la Ville et de l'Armée ; — et toutes ces tergiversations risquaient fort d'en compromettre l'aboutissement.

Car le temps passait, et un simple changement de personne dans le Commandement eut certainement provoqué un enterrement de première classe dudit projet de la part des services militaires désireux de ne pas être troublés dans leur jouissance, comme de la part de la municipalité heureuse peut-être d'échapper à des responsabilités, qu'elle semblait appréhender.

Ces retards cependant ne furent pas complètement perdus, et dans les temps morts tout fut mis en œuvre pour préparer le triomphe en cette affaire du point de vue national et du simple bon sens.

L'autorité militaire placée à Metz entre l'État et la Ville ne négligea rien pour convaincre les deux parties en présence de la convergence de leurs intérêts dans cette importante question.

Vis-à-vis de la municipalité de Metz, l'action de l'autorité militaire fut facilitée par la parution du décret du 20 septembre 1926 prescrivant de rechercher dans toutes les garnisons de France les bâtiments militaires et casernes devenus inutiles à l'Armée et susceptibles par leur aliénation de procurer des ressources au budget de la Guerre en vue de la fortification des frontières.

Ce fut ainsi que dès 1926 purent être envisagées au profit de la ville de Metz certaines aliénations intéressantes, parmi lesquelles je citerai la cession de l'hôtel de la Division d'abord —

bâtiment complètement délabré mais placé dans une situation magnifique en bordure de l'Esplanade, — et la cession du corps de garde de la place d'Armes ensuite — bâtiment classé faisant partie de l'ensemble architectural réalisé par Blondel.

Ces deux opérations rentraient dans la catégorie de celles dont la Ville devait envisager la conclusion avec reconnaissance, parce qu'elles ne présentaient que des avantages sans aléa financier.

En offrant à la Ville après l'hôtel de la Princerie — et par application des dispositions d'un décret ministériel, — ces deux immeubles situés d'une façon exceptionnelle, l'autorité militaire a voulu amener progressivement la municipalité de Metz au point nécessaire pour lui donner la volonté de réaliser un plan d'*embellisement* à côté de son plan d'*agrandissement*. C'est ce que nos pères, au jeu de paume, définissaient par l'expression : « Peloter avant partie. »

Vis-à-vis des bureaux de la Guerre et pour tout dire vis-à-vis du ministre de la Guerre, c'est-à-dire du Gouvernement, la question était beaucoup plus simple : il suffisait de la placer sur son véritable terrain, c'est-à-dire sur le terrain politique.

La transformation de Metz — comme le rétablissement de sa Cour d'appel — devait être à Paris vue sous l'angle national.

Des démarches répétées faites au ministère de la Guerre permirent d'y faire prévaloir ce point de vue en exposant l'intérêt que pouvait présenter une opération généralisée et menée dans un but politique bien défini, de préférence à des opérations fragmentaires excluant par avance toute conception d'ensemble.

Comme suite à ces conversations le mémoire adressé le 1er octobre 1926 (1) par le gouverneur de Metz au ministre de la Guerre et présentant l'aliénation de la caserne du Génie comme le point de départ nécessaire de la transformation de Metz, résume assez exactement les considérations militaires, financières et politiques, qui militaient en faveur de cette opération initiale.

Ce fut ainsi que peu à peu se constitua à Paris une atmosphère favorable à la prise en considération du plan général, que l'autorité militaire à Metz considérait comme nécessaire aux fins de la politique française ; et ce résultat fut obtenu avant même que la ville de Metz ait donné, en juin 1927, son assentiment à l'achat éventuel de

____

(1) Voir page 216.

la caserne du Génie comme conséquence de la remise de l'hôtel de la Princerie.

Les explications qui précèdent étaient indispensables pour faire comprendre comment — dès que cet assentiment limité fut acquis — l'affaire put être reprise sans tarder à Paris, puis généralisée à Metz en lui donnant toute l'ampleur voulue pour qu'elle portât les fruits nécessaires dans les domaines national, municipal et militaire.

Et ce fut ainsi que, grâce à un travail préparatoire mené sans relâche à Metz comme à Paris, le plan des aliénations destinées à assurer l'avenir de Metz put être conçu en liaison étroite avec tout un plan de regroupement des corps et services de la garnison, lesquels s'étaient casés pendant trois siècles, selon la place disponible, sans ordre et sans méthode, dans tous les quartiers de la ville. Le caractère bilatéral de ce plan devait en assurer l'adoption.

Cette étude d'ensemble fut longtemps retardée par l'imprécision des données relatives à la garnison définitive, qui devait échoir à Metz après l'évacuation de la Rhénanie.

Enfin des propositions raisonnées purent être établies. Elles prévoyaient comme contre-partie de l'aliénation de tous les terrains et immeubles situés entre l'ancienne et la nouvelle ville :

1º Le regroupement de tous les états-majors, du commandement supérieur de la Défense, des commandements de l'artillerie et du génie, au centre de la ville près du Gouvernement militaire ;

2º Le rejet des troupes à la périphérie auprès de leurs terrains de manœuvre et champs de tir ;

3º Le regroupement respectif des arsenaux de l'Artillerie, des dépôts de matériel du Génie, et des magasins de l'Intendance auprès des voies ferrées et fluviales d'adduction et d'évacuation.

En décembre 1928 une décision du Comité supérieur de liquidation des immeubles militaires approuvait les aliénations proposées par la Commission du domaine militaire de la 6e région, et dans le courant de janvier 1929 le secrétaire général du ministre de la Guerre pouvait enfin venir utilement à Metz, où une entente de principe entre lui et le maire de Metz était réalisée à l'hôtel du Gouvernement.

Peu après, comme conséquence de cette entente de principe, le gouverneur militaire de Metz était invité par dépêche ministérielle du 1er février 1929 à établir un projet définitif ayant pour base ses propositions antérieures approuvées et à adresser ce projet au Ministre pour le 1er mai 1929 au plus tard (1).

A la date du 1er mai, — après avoir réalisé l'entente indispensable entre tous les services intéressés du 6e corps d'armée et avoir obtenu de la Ville l'accord écrit nécessaire au point de vue financier, — le gouverneur militaire adressait à Paris des propositions définitives ayant pour objet, — je le répète, — l'aliénation de tous les terrains et immeubles militaires *sans exception* situés entre l'ancienne et la nouvelle ville et le regroupement de tous les corps et services de la garnison.

A la date du 31 octobre 1929, toutes ces propositions recevaient l'approbation entière et définitive du Ministre de la Guerre, et par entente entre ce dernier et son collègue des Finances une commission mixte était constituée en vue de fixer les prix de cession à la ville de Metz.

Ainsi prenait fin sur un succès décisif une action de longue haleine menée par l'autorité militaire à Metz dans un but de haute politique, auquel s'était associé le Gouvernement dans la personne du Ministre de la Guerre.

---

(1) Comme je devais être atteint par ma limite d'âge le 5 mai 1929, le Ministre, par sa décision du 1er février 1929, me signifiait que j'aurais à terminer mon œuvre avant mon départ. (*Note de l'auteur.*)

Seuls peuvent se rendre compte de l'importance de cette victoire ceux qui savent ce qu'il en
coûte de temps et de peines pour faire aboutir
l'aliénation de la moindre parcelle du Domaine
national.

Avant de clore cet exposé rapide, il est de mon
devoir de rendre un légitime hommage aux deux
hommes, dont l'appui ne fit jamais défaut à
l'autorité militaire en vue de lui permettre de
mener à bien cette œuvre nationale : je veux parler du maire de Metz agissant dans le domaine
municipal et du général Hirschauer, membre
de la commission sénatoriale de l'armée, particulièrement qualifié pour suivre et faire aboutir
à Paris toutes les questions militaires.

Je m'en voudrais cependant de ne pas citer ici
M. l'ambassadeur Bompard, sénateur de la
Moselle, dont l'âme de vieux Messin a suivi avec
un intérêt croissant l'action menée par l'autorité militaire dans cette importante affaire.

Il lui appartenait, avec sa haute autorité, de
mettre le point final à ce chapitre de l'histoire
de Metz, et il le fit dans les termes suivants par
lettre adressée le 12 mai 1929 au gouverneur
de Metz, qui avait été atteint par sa limite d'âge
quelques jours auparavant :

« Dès mon retour à Paris, écrit-il, je m'entendrai avec mon collègue, le général Hirschauer, pour appuyer efficacement les conclusions auxquelles vous avez abouti en accord avec M. le maire de Metz, mais je ne veux pas attendre un jour pour vous remercier de l'œuvre accomplie par vos soins — et au prix de quelle persévérance — dans l'intérêt commun de l'Armée et de la Ville de Metz, auxquelles vous êtes également dévoué. Je suis convaincu que la population messine tout entière, se rendant compte à qui elle doit cet heureux résultat, vous en demeurera infiniment reconnaissante. »

II. — *Comment Metz prendra figure de capitale régionale* (1).

Par décision en date du 31 octobre 1929, le Ministre de la Guerre vient de donner son approbation aux dernières propositions établies *sur son ordre* en avril dernier par le gouverneur militaire de Metz et ayant pour objet l'aliénation au profit de la ville de Metz d'un certain nombre

(1) Mémoire adressé au Gouverneur de Metz, le 20 novembre 1929, en vue d'assurer la continuité de l'action de l'autorité militaire vis-à-vis de la Ville de Metz dans la question des aliénations du Domaine militaire.

d'immeubles et terrains militaires d'une importance exceptionnelle par leur nombre et leur situation.

Par décision en date du même jour une commission mixte est constituée en vue de fixer les prix de cession pour chacun de ces immeubles.

Du fait de cette décision, la Ville va pouvoir enfin arrêter les modalités financières et l'échelonnement dans le temps concernant l'exécution du plan d'embellissement, auquel travaille le grand urbaniste H. Prost.

Au point où en sont les choses, et si l'on veut atteindre le but national que l'autorité militaire n'a cessé de se proposer depuis le début des tractations avec la Ville, il paraît nécessaire de mettre en lumière certains côtés de la question, car on est en général porté à croire à Metz que la Ville pourra faire ce qu'elle voudra de tous les terrains et immeubles du domaine militaire, qu'elle aura acquis.

C'est vrai pour certains d'entre eux, et c'est inexact pour d'autres.

C'est ainsi que dans le lot des aliénations dont le Ministre vient d'accepter le principe il ne saurait y avoir de discussion :

1° Pour l'hôtel de l'Artillerie et le parc d'artillerie de la place Saint-Thiébault, qui sont cédés à la Ville pour lui permettre de prolonger l'avenue Déroulède dans la direction de l'église Saint-Martin.

2° Pour les bâtiments du recrutement, qui seront abattus un jour en vue de dégager le Palais de justice.

3° Pour le grand bâtiment de l'ancienne infirmerie de garnison, dont la Ville a besoin pour les docks et services du futur port fluvial.

La ville de Metz disposera de ces nouvelles acquisitions comme bon lui semblera, de même qu'elle dispose actuellement, — ou disposera bientôt — sans conditions, de l'hôtel de la Princerie, de l'hôtel du corps de garde de la place d'Armes, du parc de l'île Saulcy, du front Saint-Vincent, de la prison militaire, etc..., que l'autorité militaire consent à céder, parce qu'elle n'en *a plus aucun besoin*.

Il n'en va pas de même pour une série d'immeubles d'un seul tenant, situés au cœur même de la ville, dont l'autorité militaire aurait encore *l'emploi certain*, et dont par conséquent la cession à la Ville n'a pu être envisagée que *dans un but bien défini*.

Pour bien comprendre la question il faut donc savoir dans quel esprit l'autorité militaire n'a cessé de conduire sur ce point important ses pourparlers avec la municipalité et c'est ce que je voudrais expliquer.

A la date du 1er octobre 1926, en proposant au ministère de la Guerre d'envisager la possibilité de l'aliénation de la caserne du Génie, je lui exposai le but national qu'il conviendrait de poursuivre à Metz par la création au centre même de la ville d'un vaste ensemble d'art architectural français de monuments et de jardins, lequel serait le témoin de la civilisation latine et de la grandeur française au plus près de la frontière.

Il convenait, à mon sens, de faire cesser par ce moyen l'effort de défiguration poursuivi par les Allemands dans le quartier de la gare centrale, grâce à la construction d'un ensemble architectural munichois, qui ne manque pas de force, mais que considère avec stupeur, dès son arrivée à Metz, le voyageur français croyant débarquer dans une ville française d'allure, comme elle l'est, de cœur et de langue.

Les bureaux de la Guerre chargés d'étudier la question — tout en rendant hommage au but que je poursuivais — ne pouvaient s'empêcher de conserver quelques préventions au sujet du sort réservé aux parcelles de choix du domaine militaire, qui pourraient être ainsi cédées à la Ville.

Il y avait lieu, en effet, de craindre qu'une fois en possession des terrains et immeubles convoités, la Ville veuille faire de cette acquisition à bon compte le point de départ d'une opération lucrative pour son budget en faisant des lotissements de terrains à bâtir au lieu de procéder à l'exécution d'un programme onéreux pour ledit budget.

Aussi, après avoir gardé le silence pendant un an — et avant de soumettre la question au Ministre pour décision — les bureaux de la Guerre, par l'intermédiaire du service local du Génie, invitèrent en octobre 1927 la municipalité de Metz à faire connaître ses intentions au sujet de l'aménagement futur des bâtiments et terrains de la caserne du Génie.

C'était assez dire que le Ministre ne serait disposé à envisager l'éventualité de certaines aliénations au cœur même de la ville, que si celle-ci consentait à prendre un engagement de principe relatif à la réalisation du projet d'ensemble, que j'avais présenté comme nécessaire aux besoins de la politique et de l'idée françaises.

Et cet engagement écrit, qui était demandé à la Ville au sujet de la caserne du Génie, devait par analogie — et de toute évidence — constituer un engagement de principe valable pour toutes les aliénations possibles concernant les immeubles et terrains, qui sont dans le voisinage immédiat de cette caserne.

La situation exceptionnelle de cette partie du domaine militaire montre l'importance extrême de l'engagement, que le Ministre de la Guerre attendait en octobre 1927 de la ville de Metz.

Personnellement, je ne pouvais m'y tromper, et ma lettre adressée au maire le 24 octobre 1927 (1) n'avait pas d'autre objet que de lui montrer ce que le département de la Guerre attendait de lui en cette occurrence.

Par sa réponse en date du 14 novembre 1927, le maire de Metz s'engageait dans la voie que je lui avais suggérée, et en vue de donner corps à cet engagement la ville s'assurait peu après le concours de M. Henri Prost, auquel elle demandait de mettre sur pied le plan d'embellissement de la ville.

C'est sur la foi de cet engagement et de ce commencement d'exécution que le Ministre de la Guerre donna son assentiment à l'aliénation de la caserne du Génie, et que par la suite

_____

(1) Voir page 219.

l'autorité militaire à Metz et le Ministre à Paris envisagèrent favorablement l'hypothèse d'un vaste projet d'aliénation établi en liaison avec tout un plan de regroupement des corps et services de la garnison et portant sur les immeubles ci-après :

La grande caserne Barbot,

L'arsenal n° 11,

Le magasin au blé,

La place de la République,

Le square Galliéni,

Le square du Palais du Gouvernement,

et enfin les terrains, immeubles et hôtels particuliers situés entre ledit Palais et l'Esplanade sur le front dominant la vallée de la Moselle face au Saint-Quentin.

Je voudrais insister un instant sur ce dernier lot, dont la situation est tellement exceptionnelle qu'elle est de nature à exciter toutes les convoitises.

Il existe certainement dans Metz des particuliers assez fortunés pour payer très cher le droit de s'édifier une demeure somptueuse dans ce site merveilleux.

Et l'on peut craindre que sous la pression de ces intérêts puissants la Ville n'en arrive à vouloir maintenir ce lot de terrains en dehors du vaste ensemble architectural, qu'elle a pris l'engagement de réaliser au cœur de la Cité.

Je ne crains pas de dire que l'intérêt du budget municipal ne saurait excuser une pareille solution et que les intérêts du commerce local, l'avenir de la Ville et l'intérêt national l'interdisent d'une façon absolue.

Au reste, voici aux yeux de l'autorité militaire comment la question se présente.

Il est de toute évidence que cette autorité n'eut pas songé un seul instant à libérer l'hôtel particulier sis au n° 1 de la rue de la Citadelle, en bordure de l'Esplanade, dans la seule pensée qu'un riche Messin y ferait meilleure figure qu'un officier général.

En second lieu, lorsqu'un contrôleur général de l'Armée, agissant au nom du Ministre et par entente directe avec le maire de Metz, a fixé pour cet immeuble un prix de cession relativement réduit *à raison du but poursuivi*, puis quand le gouverneur militaire — désirant que la correction de l'Administration française ne puisse être critiquée par les populations — est intervenu en personne en vue d'empêcher que l'Administration de la Guerre revienne *sur la parole ainsi donnée*, il serait inconcevable que ce prix réduit se transformât le lendemain en un million par exemple, ainsi que l'offre en fut faite au maire en personne.

S'il s'agissait d'une bonne opération à faire, le Service des Domaines était à même de la faire aussi bien que la Ville. Mais il s'agissait de tout autre chose et c'est là toute la question.

Enfin il faut comprendre que l'Administration de la Guerre ne saurait — *sans laisser planer sur elle des soupçons injurieux,* — accepter de tels décalages de prix dans un pays, qui a conservé le souvenir des tractations intéressées de l'autorité allemande.

Bien entendu, le Commandement — et en l'espèce le gouverneur militaire de Metz — qui ne pouvait intervenir sous aucun prétexte dans la fixation des prix de vente — est en cette affaire hors de cause, et c'est uniquement de la réputation du service des Domaines et de l'administration de la Guerre qu'il peut être question ici. Pour leur bon renom il est nécessaire que l'on sache à Metz qu'il y a quelque chose de changé depuis 1918 dans les mœurs administratives.

Le morcellement et la mise en vente des terrains situés sur le front dominant la Moselle entre l'Esplanade et le palais du Gouvernement serait donc, à l'égard de l'Administration française, une mauvaise action que la municipalité ne voudra certainement pas commettre.

Un tel morcellement serait en outre une faute impardonnable vis-à-vis de la population, car après leur aliénation au profit de la Ville ces terrains exceptionnels constitueront une richesse *collective* pour elle, et à mon avis, la municipalité ne pourrait en disposer *au profit de quelques-uns*, sans faillir à sa mission.

Ces terrains devraient, semble-t-il, devenir le centre d'un tourisme de luxe, aménagé de manière à retenir à Metz par l'agrément du site une clientèle étrangère et fortunée, qui serait pour le commerce local une source de richesse sans cesse renouvelée.

C'est du moins l'opinion que j'ai développée devant le maire de Metz, quand il me fit part de l'offre d'un million qui lui fut faite pour l'emplacement du numéro 1 de la rue de la Citadelle, lui marquant ainsi que cet emplacement faisait partie d'un tout qui ne pouvait être dissocié et que la Ville pourrait certainement acquérir un jour en entier.

Il était nécessaire que tout cela fut dit avant que se réunisse la Commission chargée de fixer les prix de cession des immeubles et terrains du domaine militaire, dont le Ministre de la Guerre vient de décider l'aliénation au profit de la Ville.

Je considère pour ma part que ladite Commission — ou du moins le représentant du ministre de la Guerre dans cette Commission — s'inspirant utilement de l'attitude du Ministre en octobre 1927, devrait inviter la ville de Metz à faire connaître ses intentions au sujet de l'aménagement futur des terrains et immeubles à céder, en demandant par exemple communication du plan de M. Henri Prost, dûment homologué par la municipalité.

Les prix fixés seront influencés par le but poursuivi et par le plan d'aménagement futur. Pour que dans l'avenir cet aménagement projeté par la municipalité actuelle soit respecté par les municipalités à venir, il serait bon que *les fins nationales ou d'utilité publique* envisagées aujourd'hui fassent l'objet des réserves nécessaires dans la convention initiale et dans les actes de vente successifs.

III. — *L'aliénation de la caserne du Génie, pivot de la transformation de Metz* [1].

Par ordre du Ministre de la Guerre la question de l'aliénation des casernes inutiles est à

---

[1] Résumé adressé aux Bureaux de la Guerre le 1er octobre 1926.

l'ordre du jour dans toutes les garnisons de France.

Après étude de cette question à Metz j'ai été amené à envisager l'aliénation de la caserne du Génie par regroupement de tout le 9e régiment du Génie dans la ville basse.

Raisons financières. — Le but de l'opération étant de procurer des ressources à l'État, le profit sera d'autant plus grand que l'aliénation portera sur le quartier ayant la plus grande valeur marchande, ce qui est le cas pour la caserne du Génie.

Raisons militaires. — Le regroupement du 9e génie dans deux quartiers voisins et modernes, « Thomassin » et « Riberpray », — les sapeurs conducteurs restant à « Cormontaigne » — placera le régiment entier dans la main de son colonel et dans les meilleures conditions de service et d'instruction, à proximité immédiate du grand et du petit parc du génie, du polygone du génie de Bellecroix et du terrain de manœuvre de Chambière.

Raisons politiques. — L'emplacement de la caserne du Génie est sans conteste le plus beau de la ville. Il immobilise une richesse considérable, qui n'est plus en rapport avec le faible effectif qu'elle abrite. Ce quartier, terminé une vingtaine d'années avant la guerre de 1870, s'appuyait alors aux remparts et se trouvait à sa place. Par suite de la suppression des fortifications et de la construction de la ville neuve, le centre de Metz s'est déplacé vers la gare centrale et aujourd'hui une immense étendue de terrains et de constructions militaires située en plein cœur de ville pèse lourdement sur la vie de la cité.

La municipalité et la population tout entière ne comprendraient pas que l'autorité militaire, dans la question de l'aliénation des casernes devenues inutiles, ne fasse pas un effort en vue de régler une situation, qui est devenue un véritable anachronisme et un défi au bon sens.

Il serait d'ailleurs inconcevable que l'autorité militaire pût — même indirectement — contrecarrer le développement actuel de la ville de Metz, si favorable aux intérêts de l'État sur sa frontière même.

Pour des raisons de politique locale et générale j'estime que cette faute ne doit pas être commise.

PIÈCE ANNEXE N° 1

La caserne du Génie dans le plan d'embellissement de Metz.

Metz, le 24 octobre 1927.

MONSIEUR LE MAIRE,

M. le Ministre de la Guerre vous a fait demander par le service local du génie quelles étaient vos intentions au sujet de l'aménagement futur des bâtiments et terrains de la caserne du Génie.

Au moment où vos services mettent sur pied le projet, que vous avez l'intention de faire parvenir à l'autorité militaire en réponse à cette question, je voudrais vous soumettre une suggestion, de nature, je crois, à vaincre toutes les résistances dans une affaire qui intéresse au plus haut point l'avenir de la cité.

Je pense que nous sommes tout à fait d'accord sur la nécessité de mettre à profit la vente de la caserne du Génie à la ville de Metz, en vue de faire au centre même de notre ville une grande manifestation d'art français, qui lui donnerait des allures de capitale. De même qu'à Paris le cœur de la cité n'est plus à l'Hôtel de Ville et à Notre-Dame, mais sur la place de la Concorde, magnifiquement aménagée avec tous les jardins et avenues qui rayonnent autour d'elle, de même il conviendrait à Metz, toutes proportions gardées, de réaliser à quelques minutes de la Cathédrale et de l'Hôtel de Ville, un ensemble magnifique rayonnant autour de la place de la République avec l'Esplanade, d'une part, et les bâtiments et jardins à créer ou à aménager, d'autre part, sur les emplacements de la caserne du Génie et du square Galliéni (après suppression du bâtiment du fond de la caserne).

Sur tous ces points je crois que nous sommes tout à fait d'accord et ce simple exposé serait peut-être de nature à enlever l'assentiment du ministre de la Guerre dans la question de l'aliénation de la caserne du Génie.

Mais, ainsi que je vous l'ai dit à plusieurs reprises, il y a lieu de prévoir certaines résistances basées sur le souvenir, qui s'attache au seul nom de la caserne du Génie, — résistances analogues à celles que vous prévoyez chez quelques Messins en ce qui concerne la conservation du vieux nom de la Porte Serpenoise. Et cependant personne n'ignore que cette porte, parfaitement disgracieuse, est de construction récente et allemande.

La solution de cette petite difficulté locale est exclusivement de votre ressort. La solution de l'objection sentimentale, basée sur le souvenir qui s'attache à la caserne du Génie, est du domaine de l'autorité militaire et c'est ce qui m'amène à vous faire une nouvelle suggestion.

Quand le bâtiment du fond de la caserne du Génie sera abattu, vous aurez assez de profondeur entre l'avenue Joffre et les deux bâtiments des ailes — conservés et transformés — pour y construire un bel arc de triomphe à trois entrées. Cet arc de triomphe que l'on pourrait dénommer, pour les besoins de la cause, Porte Serpenoise, sera assez loin de l'avenue Joffre pour ne pas appeler de prolongement immédiat dans la direction du quartier Barbot.

Jusqu'ici rien de neuf dans mes suggestions. Mais voici l'idée nouvelle.

De même que l'Arc de Triomphe de l'Étoile a été élevé à la gloire des armées napoléoniennes, je voudrais que Metz élevât l'arc de triomphe projeté à la gloire des armées françaises qui l'ont délivrée — en conférant par le fait même un caractère national à ce monument.

Il serait alors possible de reporter les bas-reliefs de l'entrée de la caserne du génie sur les pieds-droits de la voûte centrale. A l'intérieur et sous cette voûte on pourrait mettre d'un côté le monument du *Matin*, qui représente l'Aigle abattu en 1918 et qui détonne là où il est actuellement. En face et toujours sous la voûte vous pourriez demander à Hannaux de représenter l'Aigle de Charles-Quint abattu en 1552 par François de Guise. Le reste de la décoration du monument s'inspirerait ainsi de son objet même.

Au frontispice serait gravée l'inscription suivante : « A la gloire des armées françaises. »

Je ne mets pas en doute qu'un projet de ce genre enlèverait sans discussion l'adhésion du ministre de la Guerre et serait de nature à vous obtenir des conditions de vente avantageuses, à raison du but national poursuivi par la Ville et des frais qui en résulteraient pour elle.

Il conviendrait que la France entière vint à Metz communier dans le culte de la Patrie.

Pour moi, je voudrais pouvoir faire consister tous les ans la cérémonie anniversaire de l'armistice en un défilé imposant de tous les drapeaux et étendards de la garnison accompagnés de leurs compagnies d'honneur et se rendant solennellement à la statue du Poilu.

Le cortège passerait sous l'arc de triomphe et suivrait la voie triomphale, qui lui ferait suite jusqu'à la place de la République, puis les allées de l'Esplanade, pour venir rendre les honneurs du salut collectif de tous les drapeaux et étendards devant le héros anonyme sorti des entrailles de la nation.

A ce moment pourrait se placer utilement votre geste symbolique du dépôt d'une gerbe de fleurs au pied de la statue, au nom de la municipalité de Metz.

Cet ensemble de dispositions correspondrait parfaitement au patriotisme quelque peu mystique de notre population messine.

Je ne puis pas clore cette lettre un peu longue sans vous entretenir enfin du désir légitime qu'a la Ville de voir cesser l'anachronisme inexplicable, qui maintient la place de la République dans le domaine militaire.

Par suite de l'aménagement des terrains et bâtiments de la caserne du Génie, la Ville sera amenée logiquement à mettre la place de la République de niveau avec les parterres à la française, qui seront dessinés entre les deux bâtiments conservés de l'ancienne caserne du **Génie.**

Ce nivellement pourrait vous permettre de faire sur l'avenue Serpenoise une jolie terrasse basse à balustre comportant en sous-sol des boutiques, dont la ligne ne serait coupée que par un escalier central et monumental d'un bel effet — les escaliers des ailes pouvant être incorporés dans la masse de la terrasse comme de simples plans inclinés.

A ce sujet vous pourriez utilement envoyer une commission à Bordeaux pour voir l'aménagement des Feuillants et, si vous donniez suite à ce projet, je ne ferais pour ma part aucune opposition à l'abandon du sol de la Place à la Ville.

Par le moyen de ces boutiques basses et des magasins de luxe, que vous prévoyez au rez-de-chaussée du bâtiment du Génie sur l'avenue Serpenoise, vous constitueriez un bel ensemble, animé et éclairé en tous temps, qui relierait le commerce de la nouvelle ville à celui de l'ancienne, et je n'ai pas besoin d'ajouter que la location en serait d'un rapport très lucratif pour la municipalité.

. . . .

La réalisation de ce projet classerait la ville de Metz dans les grandes capitales de province et regrouperait automatiquement autour d'elle tous nos pays mosellans dissociés par la tourmente des cent dernières années.

Et en raison des sacrifices que Metz se serait imposée généreusement pour reprendre son rôle historique à l'avant-garde de la civilisation française, il n'est personne qui ne comprenne en France que l'intérêt national commande impérieusement de lui rendre enfin une place que d'autres lui contestent encore.

Veuillez agréer, Monsieur le Maire, l'expression de mes sentiments amicalement dévoués.

PIÈCE ANNEXE N° 2

La place de la République dans le plan d'embellissement.

Février 1929.

Monsieur le Maire,

Comme suite à ma lettre n° 350, Cas. 4, en date du 5 février, j'ai l'honneur d'attirer votre attention sur la décision du Ministre relative à la cession de la place de la République à la ville de Metz.

« Cette cession aura lieu pour un prix de principe extrêmement réduit, si le terrain doit conserver en entier sa destination actuelle de place publique. »

S'il entrait dans les intentions de M. Henri Prost de mettre cette place sur un plan horizontal et d'y aménager des parterres la reliant au jardin à la française à créer à l'intérieur de la caserne du Génie, l'autorité militaire n'y ferait aucune objection.

Toutefois, dans ce cas, il conviendrait de faire aménager en place publique le terrain devant le palais du gouverneur, afin que l'autorité militaire puisse disposer, *au centre de la ville*, d'un espace

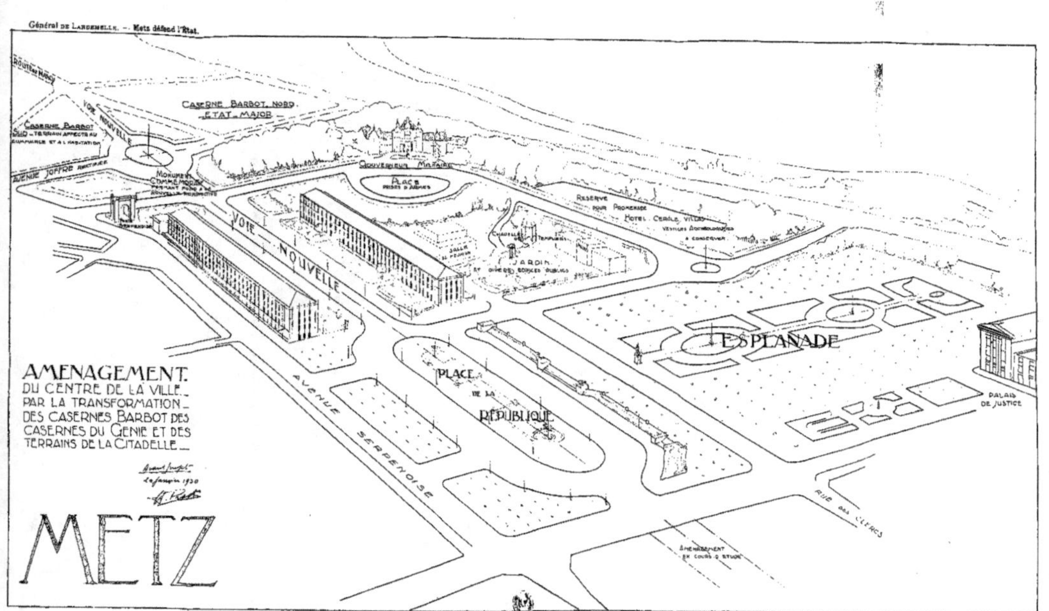
ROUTE DE THIONVILLE
VOIE NOUVELLE
CASERNE BARBOT SUD - TERRAIN AFFECTÉ AU COMMERCE ET À L'HABITATION
CASERNE BARBOT NORD - ÉTAT-MAJOR
AVENUE JOFFRE RECTIFIÉE
MONUMENT COMMÉMORATIF
GOUVERNEUR MILITAIRE
PLACE PRISES D'ARMES
RÉSERVE POUR PROMENADE HOTEL CERCLE VILLAS
VESTIGES ARCHÉOLOGIQUES À CONSERVER
VOIE NOUVELLE
CHAPELLE TEMPLARIS
SALLE DE FÊTES
JARDIN ET SIÈGE DES SERVICES PUBLICS
L'ESPLANADE
AVENUE SERPENOISE
PLACE DE LA RÉPUBLIQUE
RUE DES CLERCS
PALAIS DE JUSTICE
AMÉNAGEMENT EN COURS D'ÉTUDE
AMÉNAGEMENT
DU CENTRE DE LA VILLE
PAR LA TRANSFORMATION
DES CASERNES BARBOT DES
CASERNES DU GÉNIE ET DES
TERRAINS DE LA CITADELLE
METZ

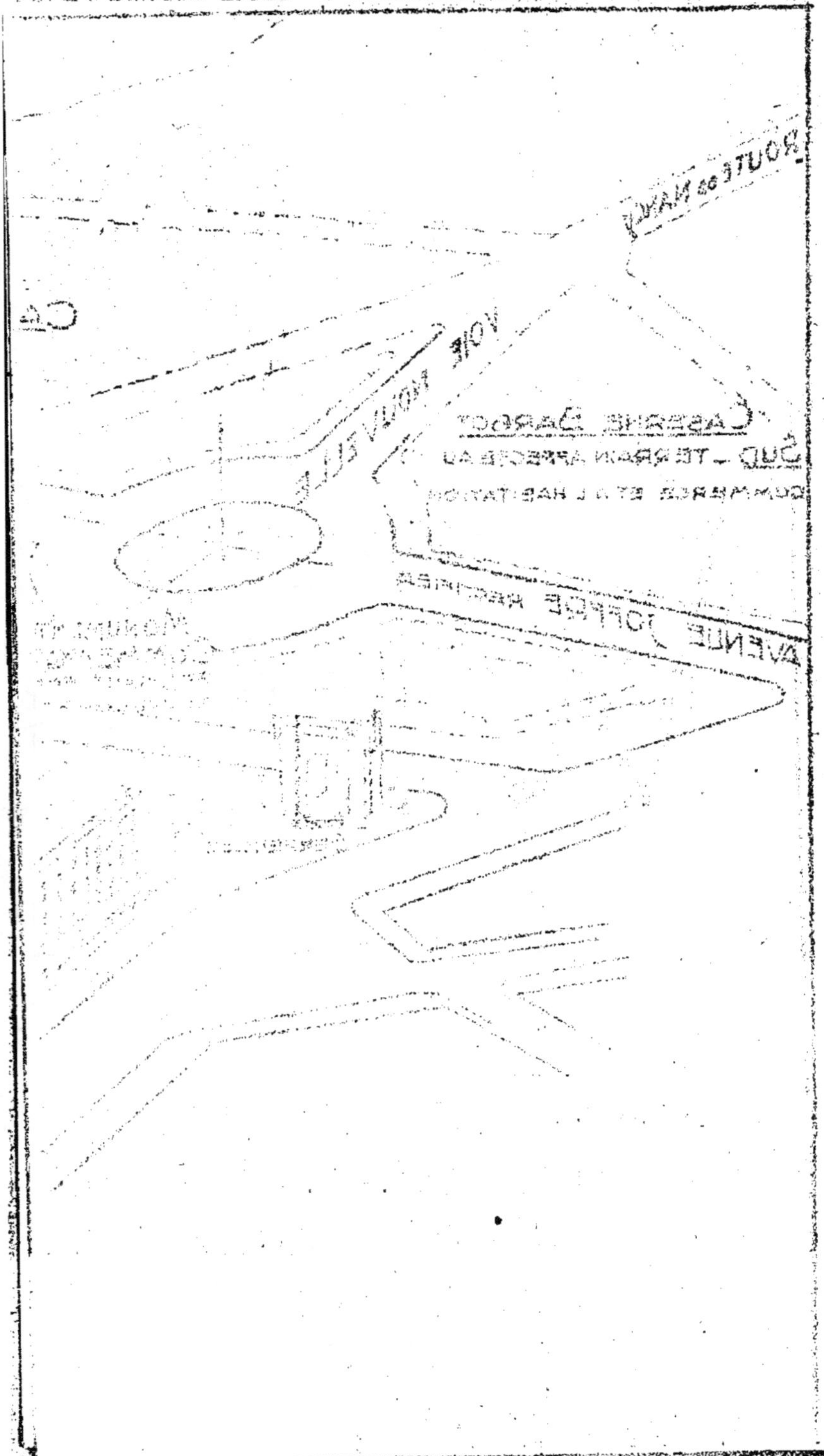

Général de Larreuelle. — Metz défend l'État
ROUTE de NANCY
VOIE NOUVELLE
CASERNE ZAROCT
SUD — TERRAIN APPROPRÉ AU COMMERCE ET A L'HABITATION
AVENUE JOFFRE PROLONGÉE

suffisant pour permettre quelques prises d'armes réduites, retraites, remises de décorations, etc...

Veuillez agréer...

PIÈCE ANNEXE N° 3

La caserne Barbot
dans le plan d'embellissement.

Metz, le 1er mars 1929.

MONSIEUR LE MAIRE,

Je suis heureux de pouvoir porter à votre connaissance la dépêche ministérielle du 27 février dernier, dont vous trouverez ci-joint la copie.

Comme vous le savez, en vue de procurer d'une part des ressources au budget de la Guerre et de lever, d'autre part, les objections que pouvait faire le Ministre des Finances au remploi de tout ou partie du produit de la vente de la caserne du Génie pour l'achèvement de la caserne Serret, j'avais demandé au Ministre de la Guerre d'admettre le principe de l'aliénation du quartier Barbot-est et de vouloir bien m'autoriser à étudier le déplacement des corps et services occupants.

Le Ministre vient de me donner son assentiment.

L'étude déjà amorcée par mon ordre sera menée rapidement et je serai en mesure de lui en adresser prochainement les conclusions.

Il ne vous échappera pas que la dépêche ministérielle précitée, en date du 27 février, répondant à mes propositions en date du 9 février, comporte implicitement l'acceptation par le Ministre des Finances de la condition mise par le Ministre de la Guerre à l'abandon de la caserne du Génie.

De tout ce qui précède il résulte que vous pouvez d'ores et déjà aviser M. Henri Prost de la possibilité de comprendre dans son plan d'aménagement du futur cœur de la ville le vaste emplacement occupé actuellement par le quartier Barbot-est.

A ce sujet, je pense que vous pourriez lui faire utilement la suggestion suivante :

De même que, pour cacher la brisure des axes de la caserne du Génie et de la caserne Barbot, il aura à placer au point de cassure un masque qui sera l'arc de triomphe élevé à la gloire des armées libératrices, de même pour dissimuler l'obliquité de la rue Wilson par rapport à l'ensemble de son dispositif, il aura à faire un décor formant fond de tableau à l'extrémité de l'axe de la caserne Barbot.

Dès lors, devant ce fond de tableau, il devra prévoir une place publique et il me paraît essentiel que la municipalité ait en mains le plus tôt possible les grandes lignes du projet, car, dans ses pourparlers avec le département de la Guerre au sujet du prix éventuel de vente, la Ville aura pour les terrains à transformer en place publique des conditions plus avantageuses que pour les terrains à bâtir.

Même observation au sujet de la place à créer entre la chapelle des Templiers et le palais du Gouvernement en ce qui concerne le prix réduit qui pourra en être la conséquence pour la cession de l'arsenal n° 2 et du magasin au blé.

Au sujet des terrains à bâtir je vous rappelle l'urgence que je vous ai signalée à maintes reprises de prévoir un quartier d'immeubles de luxe où pourraient venir se loger enfin les officiers généraux et supérieurs, les magistrats de la Cour d'appel et, d'une manière générale, les hauts fonctionnaires et les familles aisées. Pour cette catégorie de locataires les petits appartements à pièces minuscules, qui pullulent dans la nouvelle ville, ne sauraient suffire sous aucun prétexte.

Tout le nouveau quartier à édifier sur l'emplacement de la caserne Barbot ne devrait comprendre, à mon avis, que des hôtels particuliers ou de grands immeubles de rapport construits en pierre de taille.

Au cours de la conférence que j'ai eue avec Henri Prost en présence de M. Janiaud, expert architecte de la ville, celui-ci, lorsque j'eus terminé mon exposé, dit à Prost : « Mais est-ce que cela ne sera pas trop luxueux ? » Prost répondit : « Non ! il faut voir grand. »

Il faut voir grand, en effet. Il faut voir à la mesure de l'avenir de Metz ! je ne cesse de le répéter depuis mon arrivée.

Metz en cinq ans a gagné 30.000 habitants. Metz continuera à progresser très rapidement pour atteindre, avec Montigny, 140 ou 150.000 habitants. Puis sa progression — tout en restant continue — deviendra plus lente et il n'est pas interdit de penser que sa population atteindra le chiffre de 200.000 âmes dans une cinquantaine d'années.

Il faut donc rompre définitivement avec la mentalité, dont vous avez su si bien vous affranchir personnellement, et qui a été la conséquence bien naturelle, chez certains de nos compatriotes, de près d'un demi-siècle d'asservissement.

Incidemment je vous signale encore que sur l'ordre du Ministre de la Guerre j'aurai à lui adresser sans tarder les plans à grande échelle du fort Moselle et du front Saint-Vincent, qui doivent être joints au projet de loi ayant pour objet le déclassement de ces ouvrages.

Comme vous le savez, au déclassement du fort Moselle est liée la réalisation du projet de la Moselle canalisée entre Metz et Thionville.

J'avise M. le général Hirschauer, sénateur, et MM. Sérot et Moncelle, députés, de manière que le vote de ce projet de loi ne souffre aucun retard.

Veuillez agréer, etc...

V. — *Le rôle de la France dans la restauration de Metz.*

Le vendredi 22 novembre 1929 eut lieu à l'hôtel de ville de Metz, sous la présidence du maire M. Vautrin, une conférence faite par son premier adjoint, M. Hocquard, sur l'urbanisme à Metz entre 1900 et 1910.

Dans le but fort louable de célébrer la pérennité de Metz et la continuité des vues municipales à travers toutes les vicissitudes politiques, le conférencier expliqua que le plan d'agrandissement de la ville — actuellement en cours d'exécution — n'est que la suite du plan établi par les municipalités d'avant guerre, comme conséquence du nivellement des fortifications entre Moselle et Seille.

C'est ainsi que d'après M. Hocquard — en cherchant aujourd'hui à acquérir par tranches successives toute l'étendue du domaine militaire situé entre l'ancienne et la nouvelle ville, — la municipalité actuelle de Metz ne ferait que poursuivre le plan de ses devancières.

Le conférencier a bien voulu reconnaître d'ailleurs que, dans cette question des aliénations militaires, la ville de Metz avait trouvé désormais le milieu nécessaire à son harmonieux développement grâce à l'ambiance favorable créée par l'autorité militaire française.

On ne pourrait que souscrire à ces dernières conclusions, si M. Hocquard — animé du désir fort naturel d'exalter l'œuvre de la municipalité dont il fait partie, — n'avait par son argumentation ouvertement frustré la France de la politique qu'elle a suivie à Metz depuis 1922 par l'intermédiaire de l'autorité militaire, qui détenait les instruments de cette politique.

Nombre d'auditeurs, en sortant de cette conférence, devaient penser qu'à Metz depuis quelques années tout s'était fait par Metz et pour Metz, grâce à une municipalité éclairée, et que la France n'avait figuré au cours de cette période que comme une bonne fille, qui offre tout ce qu'elle a pour le seul plaisir de se faire aimer.

Outre que les choses, — nous l'avons vu, — ne se sont nullement passées ainsi, une telle opinion, si elle s'accréditait à Metz, ne pourrait qu'en développer le particularisme pour le plus grand profit d'une *minorité attardée,* qui défend sournoisement cette thèse inacceptable que Metz et le Pays messin étant des « deux nations » doivent poursuivre leurs destinées dans l'une comme dans l'autre en ne faisant appel qu'aux bonnes volontés locales, dût le Pays en mourir !

En raison des intérêts supérieurs en cause la France ne saurait accepter de voir défigurer ainsi son rôle dans la question de l'essor actuel de la ville de Metz !

Je voudrais donc tenter de bien faire comprendre cette importante question à la population messine, et pour y parvenir je ne puis mieux faire que de lui parler d'un homme qui lui est cher : j'ai nommé M. le maréchal de Belle-Isle, gouverneur des Trois-Évêchés.

L'œuvre du maréchal à Metz a visé non seulement *l'agrandissement* mais encore *l'embellissement* de la ville.

Sur le premier point il a entièrement réussi et sur le second il a en partie échoué.

L'agrandissement de la ville au xviiie siècle s'est fait dans l'île Chambière et sur la rive gauche de la Moselle.

Là aucune difficulté : le champ était libre et les églises Saint-Clément, Saint-Vincent, Saint-Simon, la place de la Comédie et le Théâtre, l'intendance des Trois-Évêchés (1) et enfin l'ensemble militaire du fort Moselle sont les témoins de la grande œuvre du maréchal de Belle-Isle. Il est donc juste que la rue, qui porte son nom, se trouve au centre de la ville du xviiie siècle.

Par contre, le maréchal n'a pu mener à bien le plan d'embellissement de Metz, qu'il voulait matérialiser par la création d'un ensemble architectural exceptionnel au cœur de la ville, — et tout le monde sait que ce cœur bat sous les voûtes de notre Cathédrale.

Quand il mourut, il n'était arrivé — après bien des luttes contre tous les intérêts particuliers

---

(1) Aujourd'hui Hôtel de la Préfecture.

coalisés (1), — qu'à laisser derrière lui un monceau de ruines et de décombres aux abords de la Cathédrale, où rien de positif n'avait pu être fait.

Il appartenait à son successeur, M. le maréchal d'Estrées, secondé par l'architecte Blondel, de réaliser — sur l'espace libre créé au centre de la ville par le maréchal de Belle-Isle, — l'ensemble merveilleux que les Français de l'école romantique et les Allemands de l'école gothique s'ingénièrent à gâcher successivement au cours du xixᵉ siècle.

Dès lors, nous comprenons mieux ce qui s'est passé au xxᵉ siècle.

L'autorité allemande a pu très facilement réaliser son plan d'agrandissement du côté de la Gare centrale, parce que de ce côté, par suite du nivellement des fortifications, elle taillait en plein drap, tout comme le maréchal de Belle-Isle au fort Moselle et dans l'île Chambière, cent cinquante ans auparavant.

Et la municipalité actuelle peut affirmer, — sans crainte d'être démentie, — que l'extension de la nouvelle ville jusqu'à Montigny n'est que la suite du plan d'agrandissement allemand

____

(1) Les principales difficultés provinrent des Chapitres qui ne voulaient pas être troublés dans la jouissance de leur propriété.

d'avant guerre, — étant bien entendu toutefois, que rien ne fut fait dans cet ordre d'idées jusqu'en 1923 et que l'initiative de la politique de constructions adoptée par la municipalité Iung reste à l'honneur de l'autorité militaire française, qui l'inspira dans l'intérêt de la Ville et de la France.

Mais, où nous sommes obligés de nous séparer de M. Hocquard, c'est quand il affirme publiquement que la ville de Metz ne fait que poursuivre aujourd'hui l'exécution de ce plan d'agrandissement d'avant guerre, lorsqu'elle cherche à acquérir tous les terrains et immeubles militaires situés entre l'ancienne et la nouvelle ville.

Personne n'ignore en effet que l'autorité militaire allemande ne se fut jamais dessaisie des casernes situées autour du Palais du Gouvernement, qui faisaient à ce dernier une couronne matérielle et morale considérée par cette autorité comme nécessaire à son prestige en pays conquis.

L'aliénation des casernes en question, que le Ministre de la Guerre veut bien offrir à la ville de Metz — en échange d'une contre-partie nécessaire — ne se rattache donc en rien à une conception d'avant guerre.

Ce n'est pas tout ! Dans la conception française cette aliénation généralisée ne peut correspondre à un plan d'agrandissement de la vieille cité travaillant sur sa périphérie, mais bien au contraire à un plan d'embellissement à réaliser au cœur de la ville.

Il ne s'agit plus ici de tailler en plein drap, comme le fit le maréchal de Belle-Isle dans l'île Chambière ou comme les Allemands l'ont fait dans le quartier de la Gare ; il s'agit d'évincer au centre de la ville des militaires aussi difficiles à convaincre et à déloger que les chanoines du temps du maréchal de Belle-Isle.

Et l'on peut tenir pour certain que toutes les municipalités de France *sans exception* eussent été absolument impuissantes à résoudre un tel problème d'aliénations massives, à moins que le Gouvernement s'en mêlât et décidât que cette vaste opération était conforme aux vues de sa politique générale.

Il serait donc souverainement injuste de retirer à la France, en cette occurrence, le bénéfice de son geste bienveillant et voulu à l'égard de la ville de Metz.

Par sa décision du 31 octobre 1929, le Gouvernement vient de clore la période durant laquelle l'autorité militaire fut à Metz l'un des principaux instruments de la politique française.

Aujourd'hui s'ouvre la période municipale, au cours de laquelle l'autorité militaire ne jouera plus qu'un rôle secondaire en se bornant à remettre successivement à la Ville, — à mesure que les corps et services évincés seront réinstallés sur d'autres points, — les immeubles dont le Ministre de la Guerre vient de décider l'aliénation de principe.

Ce n'est donc plus, je le répète, d'un simple plan d'agrandissement qu'il s'agit, mais de deux plans conjugués : l'un de remembrement militaire et l'autre d'embellissement urbain, dont la réalisation doit faire de Metz sur notre frontière le témoin de la grandeur française.

Le premier plan a été établi par les services militaires intéressés, d'après les indications du Commandement ; le second sera l'œuvre du grand urbaniste Henri Prost et de la municipalité.

La France, en un mot, offre en ce moment à la ville de Metz, sur un plateau d'argent, tous les éléments de sa puissance et de sa gloire futures.

C'est donc l'esprit réalisateur et méthodique du maréchal d'Estrées, qui doit inspirer la municipalité travaillant pour les siècles à venir et pour la plus grande gloire de la Ville et de la France.

Car à Metz tout est national.

CONCLUSION

———

Au cours de mon exposé de la question des aliénations militaires à Metz j'ai été amené à parler de ceux qui affirment que cette ville est des « deux nations », et voudraient faire de cette affirmation inacceptable le point de départ d'un particularisme local intéressé.

C'est un point de vue, dont il convient de faire justice sans plus tarder, parce qu'il s'oppose aux intérêts permanents de la France comme à ceux des populations mosellanes dans l'unité française.

J'entends bien que les protagonistes de cette étrange théorie ne constituent qu'une *minorité* ; mais c'est une minorité agissante et disposant de moyens puissants.

Ils ne propagent plus ouvertement, comme il y a quelques années, le blasphème auquel je fais allusion : « Nous sommes des deux nations ! » mais ils n'attendent qu'une occasion, — une nouvelle orientation politique du Gouvernement par exemple, — pour le reprendre avec plus de force que jamais.

Vis-à-vis des intellectuels cette minorité prétend donner à sa thèse une base juridique en s'appuyant sur de vagues droits de suzeraineté, que le Saint-Empire germanique eut au moyen âge sur la République messine.

Je crains bien que les défenseurs de cette thèse ne se fassent une idée erronée de ce que fut dans l'Histoire le Saint-Empire, qui à l'origine ne correspondait à aucune nationalité, et dont le chef élu fut alternativement français, allemand, espagnol, hollandais ou même anglais (1).

Le Saint-Empire, ce fut l'empire de Charlemagne, lorsque ce monarque eut reçu à Rome la pourpre impériale des mains du Pape avec le titre de roi des Romains, — d'où le nom de Saint-Empire romain.

Par la suite le Saint-Empire romain devint le Saint-Empire germanique.

Au début du XVIe siècle, François Ier voulut marquer le caractère en quelque sorte international de la dignité suprême en posant sa candidature à cette dignité purement élective.

Par le rejet de cette candidature les grands

---

(1) Voir Prost, historien de Metz.

Électeurs allemands marquèrent leur désir de donner au contraire à l'Empire un chef pris parmi les princes possessionnés d'Allemagne.

Personne en France n'a jamais imaginé que les Allemagnes fussent devenues françaises, si François Ier eut reçu la pourpre impériale. Et réciproquement son échec et l'élection de Charles-Quint n'entraînaient nullement que Metz et le duché de Lorraine, qui étaient du Saint-Empire, allaient cesser d'être français de race, de langage, de mœurs et d'intérêts.

On peut même dire que de cette époque date leur volonté commune à l'un et à l'autre de rompre les liens extrêmement tenus, qui les liaient auparavant au successeur spirituel de Charlemagne; — autrement dit, du jour où les princes allemands, modifiant le caractère international de la dignité suprême, eurent marqué leur volonté de faire du Saint-Empire romain un empire spécifiquement germanique, tout ce qui était spécifiquement français décida de s'en détacher. Et cette décision avait quelque prix, car elle s'affirma au moment même où l'Empire personnifié par Charles-Quint était parvenu à son apogée.

Le duché de Lorraine plus puissant que la République messine consacra cette rupture le 26 août 1542 par la convention de Nuremberg ratifiée par l'empereur Charles-Quint, l'année suivante, le 28 juillet 1543.

Et la ville libre de Metz allant plus loin dans cette voie, non seulement se refusa à composer avec son puissant voisin, le duc de Lorraine, qui s'était cependant détaché du Saint-Empire, mais en 1552 elle décida de s'incorporer corps et biens au royaume de France. La même année, la défaite de Charles-Quint devant Metz marquait l'échec définitif de la politique d'absorption, que l'Empire germanique avait eu la prétention de diriger contre la France.

On chercherait vainement en tout cela sur quels arguments historiques pourrait bien se baser la thèse que Metz serait des « deux nations ».

Et le fait que les vainqueurs de 1870 crurent devoir se donner un empereur à Versailles est impuissant à conférer à Berlin des droits que Vienne n'avait pas.

De ces théories bizarres, issues de l'université allemande et propagées en Alsace-Lorraine pendant l'annexion, le bon sens populaire a d'ailleurs su faire justice en Moselle, mais la formule des « deux nations » n'en reste pas moins ; et elle peut présenter quelque danger au point de vue national, parce que les populations peuvent y voir l'expression non d'un fait historique inexistant, mais d'une crainte pour l'avenir, basée sur une expérience récente particulièrement douloureuse.

En d'autres termes, si nous voulons que le particularisme intéressé de quelques-uns soit sans effet sur l'opinion publique locale, il faut que la France consente enfin à reconnaître les causes profondes, qui ont amené l'annexion à l'Allemagne de trois départements français et affirme par des actes sa volonté formelle de ne plus retomber dans les mêmes erreurs.

Lorsque notre unité nationale fut constituée, l'ancienne France entendit la préserver par une politique de frontière toujours appropriée aux circonstances et assurant au Pays avec l'intégrité de son territoire sa liberté d'action sur le continent, sur mer et aux colonies : toute la théorie de la sécurité !

Malgré certaines erreurs inévitables, commises chemin faisant, la Monarchie suivit généralement sa ligne avec un rare bonheur et le vaisseau portant les destinées de l'État put parvenir au port.

Ce fut ainsi que la France développa progressivement ses réserves immenses dans l'équilibre et la sécurité, en ne demandant jamais aux populations qu'un minimum d'effort militaire, sauf dans les périodes d'emploi. Et encore, après chacune de ces périodes, s'empressait-elle de se remettre en garde, de manière à être prête toujours à tout événement.

L'abandon de ces principes tutélaires, — au cours d'une Épopée, qui fut rendue possible par un excès de puissance accumulée, — devait causer notre perte à Metz en 1870, car 1815 contenait en germe 1870.

Seul, le retour de la France à la politique de prudence, qui fit sa force sur sa frontière, serait de nature à rendre la sécurité d'esprit aux populations mosellanes et pourrait fermer définitivement la bouche à ceux qui sèment le doute en elles par ces mots : « Nous sommes des deux nations ! » Ce qui veut dire : « Tout nous porte sans doute vers la France, mais sachons nous réserver, car nous ignorons de quoi sera fait demain, et nous pourrions bien avoir encore à changer de nationalité ! »

Les ancêtres de tous ces trembleurs, qui affrontèrent délibérément la puissance de Charles-Quint, étaient vraiment d'autres hommes.

Le salut est donc dans la restauration de notre ancienne politique de frontière et dans le

retour systématique — après chaque période
d'emploi — à notre ancienne politique générale
d'équilibre.

Voilà ainsi posée devant le Pays tout entier,
après la question de la fortification des frontières
et celle du statut rhénan, qui sont en train de se
résoudre, la question de la cohésion nationale et
en particulier de la cohésion des pays frontière.

Car tout le monde comprend que cette cohésion générale est une des conditions de l'équilibre national.

J'ai traité assez longuement le sujet de la
sécurité pour n'avoir point à y revenir. Je
voudrais terminer en disánt quelques mots de
la nécessité de la cohésion de la France sur tout
son territoire en général et sur sa frontière
vulnérable en particulier.

La première doit être surtout morale et la
seconde doit être en quelque sorte physique —
tangible.

A la période d'emploi intensive de la guerre
a succédé obligatoirement, — en vue d'assurer
l'exécution des traités et de sauvegarder notre
empire africain, — une période de demi-emploi
sur le Rhin, au Maroc et en Syrie. Et cette
période fut rendue particulièrement difficile par
l'adoption du service d'un an.

Il n'appartient qu'au Gouvernement de décider à quel moment devra prendre fin cette période de demi-emploi, lorsque les buts politiques poursuivis par la France seront atteints.

Mais il convient de comprendre, dès maintenant, que la cohésion générale du pays, laquelle fit sa force en 1914, ne pourra être rétablie d'une façon définitive qu'après sa remise en garde dans l'équilibre.

Pour bien faire comprendre ma pensée, je dirai que les 60.000 capotes bleues de l'armée du Rhin, — car cette armée ne comporte aucune troupe indigène, — représentent la valeur de 50 régiments métropolitains sur le pied de paix à 1.200 hommes.

Quand le Gouvernement jugera le moment venu, ces 50 régiments répartis conformément aux besoins militaires sur tout le territoire donneront sans nul doute le seul moyen que nous ayons *avec le service d'un an* de pouvoir faire face à toutes les éventualités lointaines, sans dégarnir la métropole, sans compromettre l'instruction des réserves et leur mobilisation, sans compromettre la garde de notre frontière vulnérable.

Mais, en outre, — immense avantage — ces régiments rendront au pays confiance dans son armée, qu'il ne connaît plus. L'action de présence des officiers et de la troupe, l'incorporation des jeunes soldats non loin de leurs foyers, le travail militaire s'exécutant au jour le jour sous les yeux de la Nation entière contribueront grandement à rétablir une cohésion morale, qui tend à s'effriter et que le seul souvenir d'une victoire, qui causa bien des déboires, est impuissant à entretenir.

En résumé, avec la cohésion du pays dûment reconstituée, avec une frontière organisée et occupée solidement, avec une Rhénanie neutralisée militairement, le système sera complet, si la France peut présenter enfin sur sa frontière vulnérable et en particulier dans la zone la plus sensible autre chose que dés poussières de populations réparties en trois départements dépourvus de toute unité (1).

Quand les populations frontière ne se sentiront plus en état d'équilibre instable derrière une frontière ouverte, quand elles auront l'impression d'être groupées logiquement en des

---

(1) Trois arrondissements juxtaposés (Thionville, Briey, Montmédy) appartenant à trois départements voisins et sans unité, telle est la figure que la France offre sur sa frontière, dans la zone où elle devrait avoir le maximum de cohésion.

ensembles forts et constitués solidement d'après leurs besoins réels et non artificiellement pour la satisfaction de besoins politiques périmés (1), personne ne pourra plus les retenir sur la voie qui les pousse irrésistiblement vers la France.

Que la France, en un mot, pour tout ce qui concerne sa politique de frontière, consente enfin à digérer sa Révolution et le Pays mosellan digérera instantanément son annexion.

Reprenant — en l'adaptant à la situation — le mot du baron Louis, je dirai à mon tour : « Faites-nous une bonne politique de frontière et à Metz nous vous ferons une bonne politique nationale ; car à Metz tout doit être national ! »

Jamais la France ne méditera assez le cri dans lequel Vauban, il y a trois siècles, a mis toute sa foi patriotique : « Metz défend l'État. »

---

(1) Besoins d'assimilation intérieure qui ont déterminé la Constituante en 1790 et modification d'équilibre voulu par Bismarck en 1871.

TABLE DES MATIÈRES

TROISIÈME PARTIE

LA RESTAURATION DE METZ

CROQUIS

IMPR. BERGER-LEVRAULT, NANCY-PARIS-STRASBOURG — 1930

Général de Lardemelle. — Metz défend l'État.
Echelle
0 100 200 300 400 500 M.
Devant-les-Ponts
Annexe de l'Arsenal III
Arsenal III
FORT MOSELLE
Mag. à fourrages
Cimetière
Ban St Martin
Canal navigable
navigable
Ile Chambière
Moselle
non
Bras
de
la
Moselle
FORT BELLECROIX
Canal de Wadrineau
Bras de la Seille
navigable
Ile St Symphorier
École de Ponts
Magasins de la Moselle
Hangar 68
Terrain situé entre le canal et le bras mort de la Moselle
Bras Mort de la Moselle
Canal
Jardin Botanique
Prison Militaire Pl. Mazelle
Queuleu
Montigny
Séminaire
Usine à gaz
Sablon
Station Élévatoire
Cimetière
Cimetière
Bradin
Sablière
Hangars Deville
LÉGENDE
Anciennes fortifications déseffectées.
Immeubles et terrains militaires conservés.
Aliénations consenties par le Ministre de la guerre depuis Janvier 1924.
Opérations terminées.
Opérations en cours.

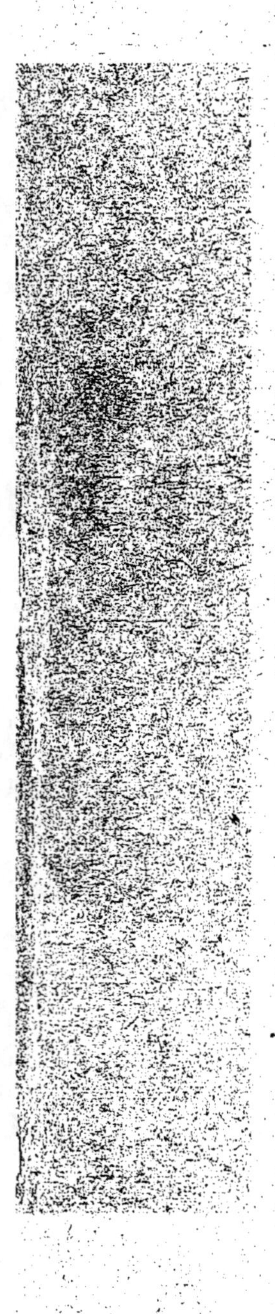

Toul
Verdun
Metz
PROVINCE·DES·TROIS·ÉVÊCHÉS